嘉善田歌

性传承人《顾友珍》卷

史丛书

张芳芳 编著

浙江摄影出版社
全国百佳图书出版单位

浙江省国家级非物质文化遗产
代表性传承人口述史丛书编委会

主　　任：陈广胜
副 主 任：吕伟强
编　　委：柯金锋　张　雁　赵利明　吴莘超
　　　　　郭　艺　林青松　吴延飞　祝汉明
主　　编：郭　艺
副 主 编：薛益泉
执行副主编：郑金开
编　　审：陈顺水　林　敏

序　言

　　国家级非物质文化遗产代表性传承人抢救性记录是新时期非物质文化遗产保护的一项重要工作。自 2015 年起，国家级非物质文化遗产代表性传承人抢救性记录工程全面启动，针对非物质文化遗产代表性传承人，采用数字化多媒体等现代信息技术手段，进行人物访谈、传承实践、带徒教学的全方位记录，并对已有文献资料进行搜集，建立传承人专项数据库，将记录成果编纂成书。

　　国家级非物质文化遗产代表性传承人掌握着丰富的知识与精湛的技艺，是历史文化的重要承载者和传递者。代表性传承人所承载的精湛技艺、实践经验、文化记忆和传承能力，是非物质文化遗产传承发展的核心内容与动力来源。由于代表性传承人在非物质文化遗产传承中的核心作用与不可替代性，加之国家级代表性传承人普遍年事已高，对他们及其技艺的记录任务尤为紧迫。全面、真实、系统地记录国家级非物质文化遗产代表性传承人掌握的知识和技艺，不仅可保留中华优秀传统文化基因，也为后人研究、宣传、利用非物质文化遗产留下宝贵资料，对传承和弘扬传统文化、构建中华民族优秀传统文化传承体系具有重要意义，这是一项与时间赛跑的工作。

　　将抢救性记录中的口述访谈内容梳理转化成口述史，这是一项极为繁重的工作，不仅要保留口述真实的特点，还要强调语言文字的严谨。该套丛书是浙江在开展国家级非物质文化遗产代表性传承人抢救性记录工作的基础上，组织专家、专业人员撰写，在编纂过程中，既尊重传承人口述的真实性，又兼顾可读性，在不改变传承人原意的前提下对文字进行了部分调整。

　　该套丛书以传承人为单元，一人一书，单独成卷。从传承人第一人称口述的角度，记录国家级非物质文化遗产代表性传承人传承实践的丰富历程，讲述他们多彩的人生故事。该书还对传承人所属的项目进行介绍，从文化价值、存续状况、传承保护等方面叙述项目的基本情况，从生平事迹、学艺师承、授徒传承等角度阐述传承人的生平经历。丛书的重点定位在传承人的从艺经历、实践经验、传承状态等内容，此外，与传承人相关的人员分别从不同角度多层次地补充了传承人的经历。书中还附有传承人个人年表、文献图录等,提升了丛书的学术价值。

该套丛书由浙江省非物质文化遗产保护中心主持编纂,组织非物质文化遗产专家、文化学者、出版社编辑等讨论丛书的框架、体例、版式;丛书分卷作者用心编撰书稿,反复斟酌文字,不厌其烦地查阅资料、核对内容;代表性传承人及其家人也积极主动参与了丛书的编撰过程。各方的共同努力,终于促成了该套丛书的付梓。

我们相信,"浙江省国家级非物质文化遗产代表性传承人口述史丛书"能为非物质文化遗产保护工作者、研究者铺路搭桥,提供丰富、翔实、鲜活的第一手资料,同时也希望能让记录成果更好地发挥作用,让非物质文化遗产保护成果惠及大众,为社会共享。

丛书编委会

目 录

第一章　项目概况 ……………………………………… 001

　　001　一、历史沿革
　　005　二、表现形式与特征
　　009　三、传承与发展情况

第二章　人物小传 ……………………………………… 013

第三章　口述访谈 ……………………………………… 016

　　016　一、田歌，曾是照亮苦难生活的一束光
　　020　二、唱田歌靠眼睛，看到什么唱什么
　　023　三、传情达意，回荡在田园里的乡野之风
　　032　四、山歌变田歌，本土身份意识的觉醒
　　039　五、好风凭借力，田歌上台阶
　　045　六、历经劫波，田歌顽强生长
　　049　七、乡村巨变，田歌不"田"
　　052　八、"非遗"春风，催生田歌新发展

第四章　周边访谈 ……………………………………… 065

　　065　一、浙江省长三角非物质文化遗产研究院院长黄大同访谈
　　078　二、嘉善田歌研究专家徐顺甫访谈
　　081　三、嘉善田歌省级传承人高建中访谈

089　四、顾友珍大女儿顾志英访谈
090　五、顾友珍二女儿顾志芳访谈
094　六、顾友珍三女儿顾志红访谈
095　七、丁栅中心学校老师孟雅琴访谈
097　八、丁栅中心学校学生杨芳访谈

附　录 / 100

100　一、顾友珍大事年表
104　二、传唱在姚庄镇的老田歌歌词选

参考文献 / 123

后　记 / 124

第一章 项目概况

嘉善，隶属浙江省嘉兴市，位于太湖流域的水网地区，是浙江省东北角的一个小县，与上海市的青浦、松江，江苏的吴江为邻，素有"吴根越角"之称。

嘉善全境无山，一马平川，境内水网纵横，在相当长的历史时期里，水稻种植一直是嘉善主要的经济产业。乡民们从耕耘田地的劳作中获取基本物质生活资源的同时，也酝酿、催生了独特的精神产物——"田歌"。乡民们通过田间歌唱的形式，将自己的经历、情感、智慧汇聚成一首首悠扬动听的"田歌"。

田歌既承载了历史记忆，也记录了乡土情怀，作为个性鲜明的原生态民歌艺术、江南水乡文化的一朵奇葩，于嘉善的清丽田园间世代歌唱、传承。

嘉善田歌至今尚在民间传唱，它是吴歌中的一个突出的品种，涵盖了吴歌中的主要曲调"滴落声"衍变而成的七种曲调[①]，在其自然生发过程中充分吸纳了中国江南水乡地区独特的乡土情思，形成了优美、清亮、富于灵性的个性特点，朴素真挚、原汁原味地反映了江南水乡生活的原貌，具有浓郁的地域特色，也是现代人感受吴越地区深厚音乐文化传承不可错过的一种民间艺术类型。

一、历史沿革

嘉善田歌，当地乡民原本称其为"山歌""田山歌"。20世纪50年代初，因嘉善无山，新文艺工作者就将这种民歌形式称为"田歌"，

---

① 这七种曲调分别是：滴落声、落秧歌、埭头歌、羊骚头、急急歌、嗨罗调、平调。（有学者考证：嗨罗调与平调是20世纪50年代根据旧有曲调新创，非传统田歌曲调）

由此约定俗成，成为专名。

嘉善田歌起源于何时，志书中难觅相关的正式记载。这种艺术形式在过去长期被视作下里巴人、村野农夫的陋俗之品，难登大雅之堂。后来经由学者们的历史考证，终于在文献中发现一些有关田歌的历史遗踪，其中尤为令人瞩目的是明末清初文学家冯梦龙对田歌的记载。

冯梦龙（1574—1646），苏州人，所辑话本《喻世明言》《警世通言》《醒世恒言》（合称"三言"）是中国白话短篇小说的经典代表，并以对小说、戏曲、民歌、笑话等通俗文学的创作、搜集、整理、编辑，为中国文学做出了独特的贡献。

冯梦龙对民间艺术非常热衷，曾在江、浙、皖等地收集大量民歌，在他记录的《山歌》一书里，现今的人们能找到嘉善田歌的影子。

尤令后人惊奇感叹的是，冯梦龙所辑录的《山歌》中有许多"四句头山歌"，现在，也就是《山歌》诞生400余年之后，仍然在嘉善农村传唱，对比之下，可发现其结构、格局基本一致。

另外，本地研究者还发现，冯梦龙《山歌》中的许多方言与当今嘉善的方言完全一致，如"侪"（都、全）、"阿奴"（"我"的自称）等。

由此，研究者们推断，明末清初时，田歌已经在嘉善农村传唱。有一首被称为老田歌的《嘉善城》，其歌词如下：

> 郎唱山歌来问尊，你晓得啥人去造嘉善城？
> 啥人去造嘉善格只东门塔？
> 啥人去造嘉善北门格只柳洲亭？
> 郎唱山歌来答尊，我晓得王抒以去造嘉善城，
> 僧渍梵去造嘉善格只东门泗洲塔，
> 余心纯去造嘉善北门格只柳洲亭。
>
> （1983年采录于丁栅乡北蔡村。演唱者：丁西王，男，74岁，汉族，嘉善县人，农民，文盲。搜集者：潘建彪、沈玉明）

受限于较为封闭的农村社会环境，在相当长的一段历史时期里，嘉善田歌与其他同时代的民间艺术一样，其发展呈现出一条缓慢进

步的历史路径：一方面，它的创作、生发、传播皆是纯自然状态，满足社会娱乐需求及与其他民间文艺交流融汇的动力较小；另一方面，传统社会里从小学唱田歌的歌手，大多不识字或只粗识几个字，唱词、唱腔均靠口口相传，缺乏系统性和专业力量的注入。

尽管如此，依托江南水乡较为稳定的农业生产形态，依赖其自身独特的乡土文化魅力，以及承载乡土情感的社会功能，嘉善田歌内容日渐丰满，体系日趋完善，特色日益凸显，根基也逐渐牢固。

到了清代中后期，嘉善田歌的叙事元素随着演唱模式的发展，从独唱到对唱，再到多人合唱，有了突破性的变化。在田野劳作或在赛歌、公开场合的对歌活动中，能唱长歌成为一种时尚，并且是乡邻们衡量歌手演唱水平高低的重要标准。

经历了长年累月积淀的嘉善田歌形成了自身丰富的"歌库"，从简单的短歌到冗长的叙事歌，其在结构、曲调、内容方面的艺术个性已然成形。

近现代以来，嘉善田歌发展的一个小高潮，出现在20世纪50年代。

中华人民共和国成立后，嘉善田歌的独特艺术价值得到了当时文艺工作者的广泛重视，大量民间作品被搜集、整理、改编，专门的田歌培训班得以启动，同时，一批备受好评的作品在这个时间段诞生，例如至今仍然深得人们喜爱的《五姑娘》。

《五姑娘》是当年传唱的一首描写爱情悲剧的叙事歌，全曲有"十二月花名"13段，多次参加省市乃至全国会演，屡获嘉奖。

老田歌《五姑娘》歌词：

> 正月梅花是新年，窑岸村东浜出个徐阿天，徐阿天家里穷来吮饭吃，要到方家浜杨金元屋里去做长年。
> 二月杏花白洋洋，杨金元屋里出个玲珑乖巧五姑娘，五姑娘年纪轻轻，十五加三交十八，未曾出贴配鸳鸯。
> 三月桃花满树红，凌家埭出会闹丛丛，方施两浜、大男小女、穿红着绿、着绿穿红都去看，五姑娘同徐天哥哥装病在房中，在房中。
> 四月蔷薇梗上生，徐天哥哥手拿藤斗去下秧，五姑娘手拿沉毛豆凿子、上腰岸攻来下腰岸上、七嘴八搭、粳秧糯秧，下拉一扇里，秋分稻莠埋怨五姑娘。

五月石榴一点红,徐天哥哥手拿黄秧在田中,五姑娘日间头陈糯米团子吊糖馅,夜间头剥白鸡蛋放拉饭当中。

　　六月荷花透水鲜,徐天哥哥你为啥怕热勿来眠,五姑娘日间头细筋蒲扇洋洋叫同你扇,夜间头大红西瓜放拉你枕头边。

　　七月凤仙七秋凉,五姑娘同徐天哥哥两人掇只黄杨板便去乘凉,东邻西舍阵阵介话,男混女淘像啥样?

　　八月桂花喷喷香,徐天哥哥同五姑娘两家头细话细商量,别人家花烛夫妻同到老,我们是恩爱私情勿久长。

　　九月菊花头对头,徐天哥哥手里拿小小包裹去逃走,五姑娘见仔一把位住伊,叫你做满十二个月廿四个节气一淘走。

　　十月芙蓉应小春,杨金元手拿一把刀来一根绳,问你五姑娘刀上死呢还是绳上死,五姑娘是盘肠痛肚一根绳。

　　十一月里李子花开,杨五姑娘死下来,诸亲百眷都叫到,救命阿夫勿曾来。

　　十二月里蜡梅开,杨金元去买棺材,要买龙心棺来乌木盖,五色衣裳落棺材。

　　十三月有花花不开,徐天哥哥打扮一个换糖担,他一心要想偷牌位,牌位偷勿着,回到屋里摆只空座台。

　　(1954年采录于洪溪、丁栅乡。演唱者:沈少泉等。搜集者:沈少泉)

　　1957年,嘉善县文化馆把收集到的田歌歌词整理成册,附上记录的曲调,编印了《田歌词资料》两册。

　　乡民们口口传唱的田歌,经由这两册资料集的传播推动,获得了更大层面的发展,许多人也因此了解到嘉善田歌的鲜明个性和独特魅力。

　　1958年之后,为适应社会文化新的审美需求以及田歌舞台表演的需要,对词曲进行适度改编的新田歌大量出现,这其中,《黄浦太湖结成亲》就是一首里程碑式的田歌作品。

　　这首田歌描写的是1958年"大跃进"时期嘉善人民开挖太浦河这个浩大水利工程的情景,歌词继承了老田歌的直叙、生动、形象的风格，曲调则加以调整和规范，既保留了"滴落声"①起头的原调，又保留了风趣生动的念唱"急急歌"②，还抓住了原谱旋律中"三连音"特点，化作富有水乡特色的3/8节奏，从而组成了一首上规模、有结构、保持田歌基本风格和演唱情调的新田歌，成了流传至今的经典作品。

"文化大革命"期间，嘉善田歌一度被打成"黑歌"。改革开放之后，社会对田歌的重视程度迅速上升，许多音乐家纷纷来到嘉善农村采风，对嘉善田歌的研究也不断深入。为适应时代的变化，嘉善田歌充分吸纳当代生活中的艺术养料，在专业音乐干部的指导下，一系列新田歌被创编出来，赢得热烈社会反响的同时，屡获殊荣。

2008年6月，嘉善田歌作为传统音乐类项目，被列入第二批国家级非物质文化遗产名录，成为嘉善以及江南水乡文化的一张独特名片。

二、表现形式与特征

嘉善田歌属于民歌，诞生于田间劳动，但它与劳动节奏无关，不属于劳动号子。它的内容以情歌居多，演唱风格悠远清亮而淡化节奏，纯是为了愉悦，为歌者自己以及周围的其他劳动者解乏。嘉善田歌有独唱、对唱和以田歌班形式演唱。

嘉善田歌的产生与发展，和嘉善特定的自然地理、历史文化和农村特有的劳动生产环境，特别是乡土文化密切相关。嘉善农村普遍种植水稻，田间劳作时间长，从水稻播种、发芽、抽绿，到壮秧、开花、抽穗、收获，农事贯穿了一年中春夏秋三个季节的绝大部分时间，这给田歌带来丰富多彩的内容的同时，也带来了良好的产生及传播环境。劳作的乡民很需要用某种方式来排解身体上的疲乏及精神上的枯燥，对于他们而言，用唱歌来表达他们的人生、他们的思想是最好不过的方法，遇到人生的不如意、情感的烦恼或生活的不平事，就借着歌唱这一途径宣泄出来，如老田歌《做长工》：

> 正月节气正月中，吽没饭吃做长工，好比鞭抽老牛在

---

① 滴落声：又名"滴落生""跌落声"，是杭嘉湖平原山歌中最主要的曲调，也是嘉善田歌中最常用的调子。独唱，可以唱四句头的短歌，也可以唱长篇叙事歌。
② 急急歌：又叫"急急板""急急鼓"。独唱。它的头和尾用"滴落声"，中间部分有垛板"滚唱"。

田中，好比西山画眉落鸟笼！

二月节气二月中，老板心里虎狼凶，老板娘娘说：你勿要新打枪杆捧勿动！一摇摇到白洋里，半船河泥半船水；十个指头冻得红通通，眼泪汪汪落肚中。

三月节气三月中，东庄龙船闹丛丛，大小婆娘都去看，老长工想去勿成功，起早种地还要开夜工，眼泪汪汪落肚中。

四月节气四月中，双手分身单手种，上畈种了下畈空，抬起头来看烟囱；别人家十支烟囱九支动，老板家烟囱像瘟虫，哒啦哒啦三烟筒，看看烟囱还勿动，一跑跑到厨房中，老板娘娘打瞌晓，揭起锅盖看一看，十只倒有九只空。老板娘娘骂得凶：冷饭冷粥也有冬。趴上饭桌看一看：芥菜梗两头空，咸菜尾巴迭稻蓬。三块豆腐搭桥洞，夹块豆腐看面孔。

五月节气五月中，桃梅李杏满山红，好的桃梅老板吃，烂桃烂梅待长工。

六月节气六月中，耘苗苦煞老长工，满头大汗腰背痛，老板手摇蒲扇撑洋伞，一走走到田头中，指手画脚骂长工。

七月节气七月中，三趟耘过耘四趟，稻苗叶子像刀锋，划手划脚实在痛。

八月节气八月中，上午看看东南风，下午看看西北风，收起早稻下菜种，忙煞苦命老长工。

九月节气九月中，新打稻子快如风，十担五担打起担，一担一担压煞苦长工。

十月节气十月中，牵砻舂米闹丛丛，十担五担牵好冬，担担挑到老板米囤中。

十一月节气十一月中，一心要把垃圾用，十只手指九只红，一跑跑到厨房中，东家娘娘个脚炉让我烘一烘，东家娘娘骂：杀头杀脚老长工，明年回头勿雇佣！

十二月节气十二月中，寒冬腊月霜雪重，打个包袱回家中，一年辛苦就像竹篮子打水一场空！

（原载土改时丁栅乡编印的宣传材料，无演唱者、搜集者姓名）

田歌的演唱在长期的稻田劳作中产生并延续下来,它改善了劳动者的心情,协调了劳动关系,调节了劳作的现场气氛,所以,田歌得以一代一代传承下来,形成了嘉善田歌丰富的社会内容和水乡风味的优美旋律相结合的整体风格。

劳动和爱情是民歌两大永恒主题,嘉善田歌也不例外。

由于田间劳作者都是普通农民或者常年给东家打工的长工,他们的社会地位低下,经济收入微薄,民歌中所吟诵的人物命运与他们极其相像,所以能迅速传播,广泛传唱。虽然这些创编者、传唱者受教育机会少,文化层次较低,但许多出色的歌手将自己的天赋才华灌注于歌声中,创作出的一系列生动田歌深得人们共鸣、喜爱,以至于代代相传。

在嘉善乡间,田歌不仅仅是在田间劳作时唱,在中途休息、晚上纳凉时也会唱,或在专门的对歌、斗歌时唱。

随着承载功能的日益多元,在结构形式上,嘉善田歌演绎出从简单到复杂的历史发展轨迹:从开始的无字歌(只唱衬词),到后来的"四句头",再到后来发展为需要多人合力才能完成的长篇叙事歌。田歌充分反映了江南水乡农家的生产、生活和情感世界,如老田歌《十里亭相送》:

> 送郎送到一里亭,小妹姑娘身边摸出三百银洋钿,一百给你零星用,一百给你盘缠费,一百给你考状元。
>
> 送郎送到二里亭,小妹姑娘是你真心着意人,一路上鲜花都勿要采,回来采我小妹格朵铁梗荷叶海棠花。
>
> 送郎送到三里亭,石栏凳上歇歇凉,要看到花蝴蝶飞上飞下都是成双对,对对蝴蝶采花芯。
>
> 送郎送到四里亭,凉亭石边有个荷花池,风吹藕叶张张动,荷花结籽心连心。
>
> 送郎送到五里亭,五里亭边有戏文,我日间头看到人上人下好比天河星,夜间头并无半个到我姐厢房。
>
> 送郎送到六里亭,琵琶弦子放在亭中央,郎弹琵琶姐操琴,恩爱私情永久长。
>
> 送郎送到七里亭,鱼池里金鱼游上游下都是成双对,姐叫一声郎君白石头牡丹无谢日,郎看姐粉壁峭墙一支红。
>
> 送郎送到八里亭,郎骑白马上桥无脚印,水面上斩刀

看不出深，姐叫郎君早去早回家。

　　送郎送到九里亭，姐问郎君几时几日到姐房，郎叫一声姐啊姐我清明不来，七月半来，七月半不来，十月朝来，十月朝不来，半夜来，姐问郎君热灶头蚂蚁那介扒得开。

　　送郎送到十里亭，夫妻话别早回家，杜鹃花开迎新春，荷花结籽心连心。

　　（1982年记录于丁栅乡张安村。演唱者：沈少泉。记录者：沈少泉）

　　轮唱是嘉善人们最喜欢的田歌演唱方式，也是嘉善田歌发展到后期的主要表演形式。田歌高亢清亮，多长调长句，演唱时很费力，一个人要完成叙事长歌的演唱几乎是不可能的，所以就出现了有起伏的分工轮唱，难度不一样的段落分别由几个人来承担，在演唱时颇为随性，在场的人都可以加入并随意发挥。

顾友珍在浙江省嘉兴市嘉善县姚庄镇丁栅文化礼堂演唱田歌

　　特定的自然环境和社会人文环境，加上独特的风格与民俗，以及方言的发音和声调，综合形成了嘉善田歌的音乐文化，并逐渐形成了固有的旋律。

　　嘉善田歌的音乐个性很强，在汉族民歌里，以自由的散板织体为主的几乎可以说独此一家。嘉善田歌的音乐色彩强烈，首先，在调式上，它是以"角、徵、羽"为骨干音的羽调式，五声音阶的织体，"角、徵、羽"乐汇非常自然地交替出现和转换，"宫、商"的加入使得旋法色彩更丰富多彩。在这样的变化中，配合起伏的旋律线，构成嘉善田歌的典型调性色彩——"滴落声"和"落秧歌"[1]调，在此基础上又派生出"埭头歌"[2]等调。

　　嘉善田歌中的"急急歌"十分生动有趣，颇受现代人喜欢。其

---

[1] 落秧歌：又名"了卖山歌"。多在种田落秧时唱，有时也在乘凉时唱。唱时，一般需要三名以上歌手。
[2] 埭头歌：多在耥田时唱。

念唱速度很急，歌词没有音阶，却有语句声调，有起伏，有疏密，它是叙述情节的主要部分，句末押韵规范，词节的划分很灵活，字词之间随意结合、切分，与北方的快板全然不同。

嘉善田歌是完全散板，在中国民歌中，还拥有这种特点的只有蒙古长调了。嘉善田歌采用散板形式有它特殊的原因，那就是在演唱过程中随时可以夹带衬词和念词。

与其他汉族民歌相比，以叙事歌为特色的嘉善田歌，结构显得繁杂：歌长，要分段，每段的基本唱腔一样，但无严格要求，可变化，必须多人轮唱，在唱念中又可随意加词，所以较难给它的结构定性，但从宏观来看，其叙事的容量、规模、段落，都取决于念唱部分。

嘉善田歌旋律中三连音特别多，这与嘉善方言特点有关。嘉善方言容易随意切割组合，声调变化适应旋律的变化需要，即使倒字倒音听起来也不别扭，为演唱者的即兴歌词创作提供了空间。

嘉善田歌的曲调旋律非常优美，富有水乡音乐特色，清亮上口，属于五声音阶，没有"fa"和"si"音，骨干音为"mi""sol""la"，旋律线起伏呈波浪形，从起头的低音"la"一直发展（通过"do""re""mi""sol"）到中音"la"并延长数拍，又转到高音"do"上，再回下来，落到"mi""re"，完成一个乐句。

值得注意的是，现今嘉善田歌中的《小快板》曲调，并非原生态嘉善田歌中的曲调，而是20世纪50年代新田歌创作过程中从老曲调中派生而来。《小快板》3/8拍子非常优美动听，其节奏与水乡手摇船相似，最早出现在《黄浦太湖结成亲》中。

三、传承与发展情况

中华人民共和国成立前，从小学唱田歌的歌手，大多不识字或只粗识几个字，唱词、唱腔均靠口口相传。中华人民共和国成立后，文化工作者根据歌手们的演唱记词记谱，形成了最早的田歌资料。

冯梦龙在《夹竹桃》"前叙"中写道："三句山歌一句诗，重点四句是新词，偷今换古，都出巧思。"这说明早期的田歌是随着歌手的再创作而延伸拓展的，主要内容为男女情爱，即所谓"酸山歌"。

到了清代中后期，叙事元素随着歌唱模式的发展有了更丰满的呈现。在赛歌、对歌等活动中，能否唱长歌成为衡量歌手演唱水平高低的重要标准，从而使田歌中的叙事歌获得了重大发展。

　　嘉善田歌传统的传承方式主要有两种。一种方式是传唱人在其家族中进行传承，父子、母女、父女、母子之间相传，此为田歌最基本的传承方式。家族中传承，父母辈出于对田歌的热爱，有意识地让后代传唱下去。另一种传承方式是组合结伴学唱传承。唱田歌中三个声部轮唱时，同时需要三个不同音色和不同音高的演唱者，因此往往在同一个村子里就会出现组合，不一样的组合就有不一样的演唱效果。这种组合的传承会各自寻找培养目标，逐渐让其替代自己。令人惊叹的是，虽然他们没有音阶概念，但一代代口口相传，音高准确却达到了令人吃惊的程度。

　　改革开放后，新田歌的大量出现使得嘉善田歌焕然一新。田歌的传承发展机制也出现了一些新现象：一方面，多次召开田歌手座谈会，记录保存传统田歌及其特色，成为田歌屡次变革的基础；另一方面，专业音乐工作者以及文化工作者通过创作、组织、传播、教学，从口头传唱到开班授课，从原生态方言到普通话创新，从田间劳作之歌到登上舞台而歌，举办田歌节、成立传承教学基地、创作新田歌、参加各项比赛、培训音乐老师等，助推田歌广泛传承。

　　在歌手与创作者的通力合作下，嘉善田歌得以规范化，并保留其核心艺术特质，保留其五声音阶，以"角（mi）、徵（sol）、

参加嘉善县老民歌手座谈演唱会

羽（la）"为骨干音，保留其自由亲切的水乡风格。尤为令人瞩目的是由金天麟编著的53万字全方位反映嘉善田歌面貌的《中国·嘉善田歌》，这部著作的出版，对保护、传承嘉善田歌起到了重要作用。

嘉善田歌一方面采取传统的师徒相授的形式，由传承人点对点教学，保证原汁原味的田歌文化得以流传下去；另一方面，结合学校特色文化课程，融入现代教育体系中，让孩子们能欣赏田歌，会唱田歌。

嘉善的丁栅中心学校是嘉善田歌的传承基地。从2009年开始，丁栅中心学校创办了田歌兴趣小组，传授嘉善田歌。2010年5月14日，丁栅中心学校被浙江省文化厅和省教育厅确定为省非物质文化遗产（嘉善田歌）传承教学基地。2010年，丁栅中心学校系统地编写了田歌教学乡土音乐读本《栅里歌》（2012年被评为浙江省优秀非物质文化遗产校本教材）。同年6月，顾友珍、顾秀珍、高建中三位田歌手，受聘于丁栅中心学校，到课堂与孩子们面对面开展田歌教学。

除了中小学内开展的嘉善田歌基础传承教学外，多所地方高校也在学生群体中进行田歌文化弘扬传播活动。传承人顾友珍多次与上海音乐学院、嘉兴学院、浙江艺术职业学院的师生座谈，分享她对嘉善田歌的理解。

嘉善田歌的传承和保护工作者结合地方文化旅游产业的发展需

校外辅导员授聘仪式

要，将田歌元素融入文旅产品中，让嘉善田歌"传开去"。作为新田歌最活跃的创作人之一，田歌研究专家韩金梅[①]自2008年起，以西塘旅游公司顾问的身份成立了田歌小组，向西塘旅游公司的导游们教唱田歌。导游在介绍西塘时谈到田歌，如果游客有需求，便可即兴唱上一段，成为传播嘉善田歌的一种渠道。

现代媒体的传播活动也为嘉善田歌的传承发展插上了时代的翅膀，嘉善田歌作为浙江民歌最典型的代表，经常出现在各类舞台和电视节目中。中央电视台七套和音乐频道的《民歌·中国》栏目，多次播放嘉善田歌节目。

根据嘉善田歌《十二月花名·五姑娘》改编的音乐剧《五姑娘》，在第七届中国艺术节上获得国家文化部"文华奖"，继而获得中宣部"五个一工程"奖。

丁栅中心学校聘请顾友珍为"嘉善田歌"校外辅导员

[①] 韩金梅，浙江嘉善人，田歌研究专家。

第二章 人物小传

国家级非物质文化遗产嘉善田歌代表性传承人顾友珍

顾友珍，女，1937年出生，嘉兴市嘉善县沉香村人。2009年，被文化部认定为国家级非物质文化遗产嘉善田歌代表性传承人。

顾友珍和比她小两岁的妹妹顾秀珍从小就喜欢听母亲唱嘉善田歌，虽然听不懂，但觉得好听、有趣。夏天乘凉时，姐妹俩总是围在母亲身边，听母亲唱田歌，一边听一边悄悄地学。

稍稍长大后，顾友珍姐妹俩就随母亲一起下田干活，边干活边学唱田歌。母亲看她俩喜欢田歌，渐渐地就把所会的田歌都教给了她俩。不光有简单的田歌，也有长一点的田歌，还会教唱田歌的各种曲调，包括《大花名》《五姑娘》等难度很高的田歌。

顾友珍的嗓音朴实自然，妹妹秀珍的音质浑厚绵长，她俩很快就成了当时村里的田歌手，母亲唱起头歌（领唱），她们就唱"了""卖"。不管是农忙时，插秧、耘稻、挖地、车水、除草、罱河泥……还是夏天晚上乘凉的时候，姐妹俩总跟着母亲到处唱田歌。有时候触景生情，田歌也会跟着一起变，比如正月里唱"正月梅花嗨嗨嗨嗨嗨，初立春……"，吹东南风，就唱"东南风吹来哎呀，暖洋洋哎……"。

中华人民共和国成立后，随着群众文化活动的兴起，嘉善田歌也慢慢热了起来，顾友珍有了更多的机会在多种场合演唱。这时期，她会唱很多田歌，尤其喜欢唱田歌《五姑娘》，与邻村张安村的沈少泉成为丁栅一带唱《五姑娘》唱得最好的田歌手。

1958年，县文化部门在丁栅组织田歌班，选中沈少泉和顾友珍姐妹俩参加。那年，县文化部门集体创作了新编田歌《黄浦太湖结成亲》，由音乐家侯家声编曲，并决定由他们三人演唱这首新田歌，沈少泉领唱，顾友珍姐妹俩附唱，唱"了""卖"，现场演唱效果非常好，掌声不断。后来，这首田歌被上海音乐节选中，在上海演唱并灌录了首张田歌唱片。

1960年，顾友珍的田歌班带着《黄浦太湖结成亲》参加省民间音乐舞蹈会演，这是她第一次到省城上台演出。演出很成功，获得演出奖，后来还被中国唱片公司录制唱片，并被中央广播电台选作常播节目。

1962年，由著名音乐家、上海音乐学院院长贺绿汀带队的音乐工作组来嘉善丁栅采风，请沈少泉和顾友珍姐妹俩演唱田歌，并当场录了音，还请孔庆宗现场记谱。贺绿汀院长对田歌有非常浓厚的兴趣，一再问顾友珍姐妹俩是否愿意到上海音乐学院学习深造，参加歌舞团。顾友珍姐妹俩自知不识字，文化水平低，最终放弃了。

同年，丁栅文化站组成巡回文艺演出队，顾友珍姐妹俩双双参加，到各地巡回演出，从此，嘉善田歌成了人们喜闻乐见的文艺形式之一。

由于三年困难时期和"文化大革命"，自1962年后，嘉善田歌被打入冷宫，顾友珍的田歌声也一度在田间地头消失。

改革开放后，县文化部门成立了对传统嘉善田歌进行挖掘、整

顾友珍国家级传承人证书

拿到传承人证书的顾友珍，欣喜地看到了田歌未来的希望。证书沉甸甸，责任沉甸甸，虽然已经年迈，但田歌的传承之路还得她挺直腰板带领大家一步步走下去

2005年7月1日，中央电视台《民歌·中国》栏目在嘉善农村录制嘉善田歌。图片出自《嘉善年鉴》

理、保护、传承的专业组织，邀请顾友珍姐妹参加民歌手座谈会，协助民间文艺普查和研究。

1986年12月，中国歌谣学会常务副会长吴超到嘉善，在丁栅听顾友珍姐妹俩演唱田歌。吴超对顾友珍姐妹的演唱赞不绝口，还欣然作诗，称赞嘉善田歌是江南地方文化中极具个性色彩的优秀民歌品种，清亮优美，富有江南水乡韵味，是一份宝贵的民族音乐文化遗产。

1989年10月，顾友珍姐妹俩受邀去上海参加江浙沪民歌比赛，获得优秀表演奖。

1993年，顾友珍和顾秀珍同时被浙江省文化厅授予"浙江省民间艺术家"称号。1995年，顾友珍姐妹俩参加江浙沪二省一市吴歌大奖赛，顾秀珍获二等奖，顾友珍获三等奖。

1994年9月，顾友珍姐妹俩参加由嘉善电视台拍摄的音乐专题片《乡韵》，演唱原汁原味的老田歌《五姑娘》。这部电视片先后在省、市电视台和央视七套中播出，扩大了嘉善田歌的知名度。

2001年10月，顾友珍参加西塘古镇国际文化旅游节举办的"中国民歌演唱会"，与王昆、郭兰英等著名歌唱家同台表演。顾友珍和顾秀珍一起演唱老田歌《大花名》。

2005年7月，中央电视台音乐频道《民歌·中国》栏目到嘉善农村录制田歌，其中录制了顾友珍和顾秀珍演唱的《五姑娘》。

2007年6月，顾友珍和妹妹顾秀珍及女儿顾志芳三人组队，参加嘉兴市原生态民歌·曲艺演唱比赛，演唱田歌获得金奖。

2008年后，已过古稀之年的顾友珍日渐减少田歌演出，以传承教学为主，努力将这份宝贵的文化遗产传得更广更远。

第三章　口述访谈

采访时间：2017 年 7 月
采访地点：浙江省嘉兴市嘉善县姚庄镇赵田村 42 号
采访人：学术专员黄大同
受访人：顾友珍（顾志芳、徐顺甫、戴栋杰、高建中陪同）

一、田歌，曾是照亮苦难生活的一束光

"心之忧矣，我歌且谣"，早在诗经《国风·魏风·园有桃》中，我们就能看到这样的愁绪表达。回溯我国民间歌谣发展的悠悠历史，我们不难发现，抒发心中的忧愁，始终是劳动人民进行民歌创编、传唱的主要动力之一。

这一特点在嘉善田歌发展史中也表现得非常突出——稻田耕作的乡民很需要用某种方式来排解身体上的疲乏及精神上的苦痛，人生的不如意、情感的烦恼或生活的不平事，就借着田歌这一途径宣泄出来。歌谣抒发的这部分内容，也比较容易激发同伴们的心理认同和情感共鸣，从而推动田歌的传播和再创作。

依据现今对嘉善田歌的考察，田歌传承主要在传唱人的家族内进行，父子、母女、父女、母子之间相传是常见的，也是最基本的传承方式。这种现象也反映了在群体沟通形式相对贫乏的旧时代，在受教育程度较低的基层群众之中，嘉善田歌之类的原生态中国民歌，以其狭小的表达通道，承载着巨大体量的情感内容，其演唱、传播、传承、再创作等都锁定特定人群，结构形式无论是从空间角度还是时间角度都表现得较为稳定，慰藉歌唱者的同时，推动了亲族、社群的深层交流，构成生活技能、伦理道德、价值观念等传承

歌还是以前的歌，装扮也可以回到以前的模样，可不再在田间飘荡的田歌还是让顾友珍有些迷惘

通道，也是基层凝聚力的重要源泉。

采访者：今天是 2017 年 7 月 6 日，本人黄大同，作为国家级非物质文化遗产嘉善田歌代表性传承人抢救性工作的学术专员，对顾友珍老师进行访谈。

顾老师，请您先介绍一下自己小时候的情况吧。

顾友珍：1937 年，我出生在嘉善的丁家浜村。那时候，我家里很贫穷的，靠爸爸一人长年在外面做工挣钱。妈妈在家做家务劳动，还要管我们。家里除了我和秀珍姐妹两人，还有个弟弟。我 13 岁的时候，也就是 1949 年，爸爸感染伤寒症去世了，弟弟才 8 个月大，睡在摇篮里。

我爸爸去世后，家里的生活来源没有了，妈妈就去上海做阿婆①。家里孩子，我最大，要负责照看弟弟妹妹。我家里没有地，就租了 7 亩田种稻，交完租粮就只够家里这几张嘴巴吃的了。

---

① 即给人家家里做帮工。

我小时候是苦的，14 岁就当大人了，每天都是在田里面劳动，插秧、种田，样样要做。我家里没有牛耕田，就给有牛的人家当伴工，替人家干杂活，然后用工交换牛来耕田。

妈妈每个月在上海能赚到一石米左右的钱，全都寄回来了。她心里的希望就是把我们这几个小孩子养大，穷一点、苦一点没什么，只要能养大我们就行。我的妈妈真是很辛苦，很不简单的。她人在上海，心里记挂着家里的几个小孩子。

采访者：那您从小都没有上过学？

顾友珍：没有，我和秀珍姐妹两个都没有读过书的，一个带小孩，一个在田里干活。我从小就在田里干活了，田里活多呀，哪有时间去上学读书呀。

采访者：1949 年以后都有扫盲班的，您有没有去参加？

顾友珍：嗯，扫盲班是有的，我没去参加扫盲。因为家里这么穷，去读什么书啊。那时候，是老思想呀，认为农村女孩子读出来也是没什么用的。

采访者：那个时候您还没有结婚吧？您是什么时候成家的？

顾友珍：那时候我还没有结婚，我 20 岁左右结婚成家的。

采访者：您什么时候开始学唱田歌的？

顾友珍：我那时候跟着大人们在田里干活，干活的时候他们唱，我也跟着唱。爸爸妈妈当时也唱，我就在旁边听。

采访者：那个时候没有专门学，就跟着唱吗？

顾友珍：跟着唱的，我们姐妹几个都跟着大人唱。我在十二三岁时，就开始学唱山歌了。在繁重的农活中，学习并演唱田歌成为我们最欢乐的事情。那时候，我们的心愿就是长大后可以拥有像母亲一样清亮的嗓音，和母亲一样把心中的痛苦和希望通过田歌唱出来。

采访者：1949 年以前，就周边地方，有没有专门在田上面唱山歌的？唱给干活人听的，这种有没有？

顾友珍：大家都在田里做活，耘稻的耘稻，拔秧的拔秧，种秧的种秧，都在干活，没有人专门在田头唱山歌的。

采访者：夏天嘛，平时在家里乘凉时有没有唱山歌的？

顾友珍：夏天我和秀珍两个人也唱的，一个问"一只螃蟹几个钳？"，然后一个答。她问我："一只螃蟹几个钳？"我答："一个壳，一个脐，八只小脚泥里拉（爬）。"这样子，一个问，一个答，能答得出十只、二十只螃蟹。

采访者：一问一答地唱。那么主要从事什么劳动的时候唱？

顾友珍：种田、插秧时候唱得多。耘稻也要唱的。割稻的时候唱歌很累的，人不行的，所以割稻时候不唱。

采访者：割稻时候不会唱，就插秧、耘田的时候唱，还有没有其他时候，比如踏水车啦？

顾友珍：有的呀，踏水车的时候也难得唱的。我爸还在世的时候，我13岁以前，就参加踏水车了，爸妈还有我三人在上面踏水车，有的时候踏水车时唱山歌。

采访者：那冬天唱不唱？

顾友珍：冬天不唱。

采访者：您知不知道当时您的爸爸妈妈，他们是跟谁学唱山歌的？

顾友珍：爸爸妈妈在哪里学的我不知道啊，那可能就在自己村里面大家唱时，自然而然就学会了。《长工苦》《熬郎》是母亲经常唱的田歌，这种田歌的曲调很哀婉的，就好比是清苦的生活。

采访者：您爸爸妈妈唱的时候，有没有别的人跟他们学？

顾友珍：有些人跟她（指顾友珍母亲）学的，那些小姑娘家在田里割草时，说："阿婆，你唱啊！阿婆，你唱啊！"我妈就唱给她们听，她们边听边学。我妈2005年去世的，活到九十几岁了！

采访者：那很长寿呀。

顾友珍：我妈跟我老伴是同一年去世的，我的老伴也是2005年去世的。我妈活到96岁。

采访者：**那您以后也很长寿啊，唱歌唱得好的人都长寿。**

顾友珍：我们姐妹俩小时候是很艰苦的，家里穷，迫使我们姐妹俩都不曾上过一天学，很早就跟母亲一起干活了。我妈妈唱田歌，是缓解她心头的压力，也帮助我们找到了生活中的一丝亮光。我能再多活几年，就可以多唱几年田歌。

二、唱田歌靠眼睛，看到什么唱什么

在当今时代，很多人已经很难想象没有基础的学校教育作为依托，文艺创作该怎样来展开。但当我们将研究视线投向嘉善田歌时，就能发现在中华人民共和国成立之前的漫长的历史长河中，嘉善田歌的创作主体就是田间地头的普通老百姓，而且他们中绝大多数都是不识字的。

"有唱有听在，干活就不累"，相邻的稻田里，几个人在一起劳作时，会唱的亮亮嗓子，不会唱的起起哄，演唱者边唱边在心中酝酿新词，立即随口唱出来。歌者歌唱生产、歌唱生活，也歌唱自己的情感世界。这样的场景，即便在今天的我们想来，也是极美的，充满了天人合一、万物和鸣的中华审美意趣。

中华文明积淀至今，它所呈现的灵性是无比绚烂的，不仅体现在宫廷贵族、书生士大夫等社会中上层，也在手艺人、耕作者等基层群体中闪耀着光芒，它抚慰人们的伤痛，也照亮人们向前的征程，展现着让世界动容的丰沛创造力和浩瀚生命力。

嘉善田歌作为一个有足够厚度的历史传承，它表现出与所属乡土的深度互洽，根据本土生产生活方式、语言特色、音韵习惯、乡俗风土来形成自己的风格范式，同时又作为乡土文化的传承通道参与新一轮的文化建构。这种循环机制是它传承至今、生生不息的重要缘由。

因此，对嘉善田歌的保护和发展，仅仅停留在歌和韵的研究层面是不够的，更需要从民俗、从基层社会结构等层面来看待它的生发。

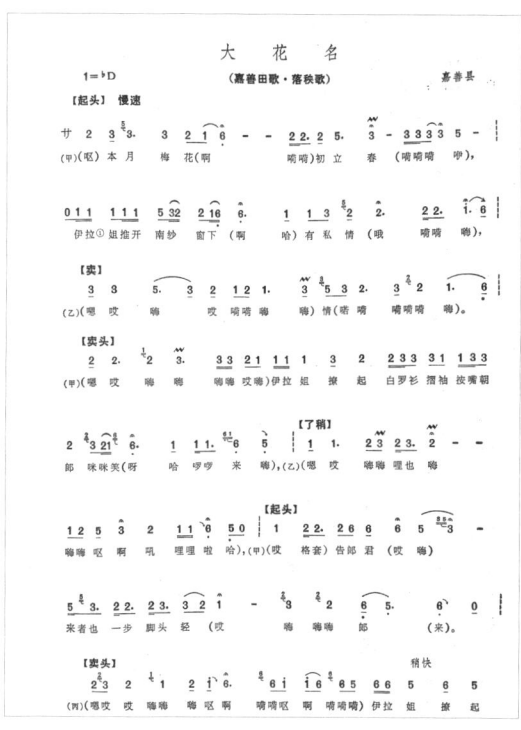

《大花名》

采访者：顾老师，记不记得您第一次唱的是什么曲子？

顾友珍：我最早唱的田歌曲子就是《大花名》，这是一个唱十二个月花名的山歌，一个月一个月地唱，我蛮喜欢这个曲子的。

采访者：当时你们年纪还小，跟爸爸妈妈学的曲子，现在会唱的大概有几首？

顾友珍：以前学的时候是蛮多的，可是很多曲子现在忘记了。

采访者：那么第一首那个《大花名》您现在还记得吗？会不会唱？

顾友珍：唱是会唱的，一个人唱起来总会不行，要几个人一起唱的，这样唱起来才有味道。

采访者：当时唱山歌的时候，是预先学好的词儿，还是即兴编的？

顾友珍：有的时候是先想好的，再唱。大多数来说，我们是看到什么就唱什么，吹什么风就唱什么歌。

采访者：你们虽然没有读过书，但是文化程度也不低啊，要随口编词儿的。

顾友珍：唱山歌靠眼睛的，看到什么唱什么。眼睛里看到的东西，就随口编编词儿唱唱了，蛮灵活的呀。

采访者：您还是小姑娘的时候，在田里劳动唱山歌，是在什么情况下唱的？是插秧，还是耘田？还是打谷子？什么时候唱？

顾友珍：种秧时候唱得多，因为农忙时，女的大部分是做拔秧种秧的，我有一首《种秧山歌》的。

采访者：您跟我讲一下《种秧山歌》，我记一记。

顾友珍：我来唱给你们听一听，这是一个人唱的，也是我完成的。这山歌是这样唱的:"种秧种到四角清,田当中插个聚宝瓶。聚宝瓶里插棵摇钱树,早摇金子晚摇银。"

采访者:这个歌是哪个人想出来的,您跟谁学来的?
顾友珍:我们唱山歌就是这样子的,大家在田里唱,什么风吹来就唱什么歌,是大家一起唱出来的。

采访者:那么种秧的时候,您是头朝下,这样能唱吗?还是休息的时候唱?
顾友珍:不休息的哦,别人往前种,我们也要往前种,不能停的。那是一边种秧一边唱,也不能站着唱,在种秧的时候要弯下腰的,就这样边种边唱。

采访者:您种秧种好以后,那么其他的时候唱不唱呀?
顾友珍:拔秧的时候也唱的,我们一边拔秧,一边唱山歌,这样人就感到轻松些。

采访者:那时候你们这里一年是种一季稻,还是两季稻?
顾友珍:过去我们这里一年只种一季稻,就是在四月份种秧,

吹什么风唱什么歌,把耳畔的风声、生活的常情化作歌声中优美的韵律,嘉善田歌是先祖智慧的宝贵传承

到五月份就耘稻、耥稻。

采访者：那么耘稻、耥稻时唱不唱山歌？
顾友珍：秧种下去以后，到五月就要耘稻、耥稻，还有拔草。耥稻是男人做的活，他们也会边耥稻边唱山歌的。

采访者：六七月份呢？六月份耘田、耥田，唱不唱呢？
顾友珍：不唱的。

采访者：为什么不唱呢？
顾友珍：六月份嘛，天气热了，那时候是难得唱的。

采访者：那么秋天呢，唱吗？
顾友珍：秋天乘风凉，乘风凉的时候也唱的。夏天我妈她们乘风凉的时候，会唱山歌，我也跟着唱。

采访者：那冬天还有田里的活吗？
顾友珍：冬天当然也要劳动的。种油菜，在田里种油菜花。活一直有的，我们乡下人真的是一年四季一直在田里干活。

采访者：50年代的时候，你们唱山歌还配合政治宣传，是吧？
顾友珍：是的呀，50年代初，国家发布了新婚姻法，提倡婚姻自由，反对包办婚姻，这与许多田歌中所歌唱的爱情故事非常吻合。许多田歌流传影响广泛，就是因为歌唱了曲折动人的悲欢爱情故事，田歌《五姑娘》就是其中之一。这个歌十二段，五十来句，故事却很完整，是当时我们最喜欢唱的田歌。

三、传情达意，回荡在田园里的乡野之风

劳动和爱情是民歌的两大永恒主题，嘉善田歌也不例外，爱情的悲喜之歌从来都是田歌最受人钟爱的部分。

中国传统文化特别是旧时的汉民族文化素来崇尚含蓄，人们大多羞于谈情说爱，但嘉善田歌就在所耕作田地这一公共区域传达男女之间的爱慕之意，"不会说就来唱"，一人唱来众人和，我方唱罢

你来答，嬉笑玩闹之间，展现自己的天赋嗓音，以及天生的智慧和幽默，借此吸引异性的关注。

田歌的这方面特征在旧时颇为上层文人所诟病，认为"淫词"败坏风俗，但从今天的眼光看来，却是充盈着阳光、炽热的情感魅力，洋溢着生机勃勃的自然气息，与《诗经·王风·采葛》中的"彼采葛兮，一日不见，如三月兮。彼采萧兮，一日不见，如三秋兮。彼采艾兮，一日不见，如三岁兮"一脉相承。

嘉善田歌传达爱情的功能，极大促进其本身传播的同时，也使得它不断吸纳青年男女丰沛、鲜活的创造力，在曲调、形式、歌词、组合等各方面不断丰富创新，经由历史积淀，渐成特色鲜明、独树一帜的地方音乐文化系统。

采访者：顾老师，种田的时候，您在地里劳作，其他人在老远的自家地里面劳动，你们怎么唱呢？

顾友珍：一般都看得到，在隔壁的田。隔开也没关系的，唱的时候，这边唱一句，那边会接过去唱的，有些远的也这样接啊。有些在唱的时候还会讨便宜，就是那些情歌啦，大部分是会讨便宜的。

采访者：讨便宜？

顾友珍：情歌讨便宜嘛，就是乘风凉的人借唱山歌传达爱意，唱歌的人借我们的声音传达爱意，不会说就来唱，表达他们对姑娘的爱意呀。

采访者：有些人唱情歌讨便宜，那么讨便宜是谁来讨便宜？接过来唱吗？

顾友珍：因为我们比较喜欢在田里唱这些山歌，唱的是情歌嘛，讨便宜的肯定是男的喽，讨姑娘的便宜呀。

采访者：那么这个时候您回不回过去呢？

顾友珍：我不回过去的啊，回过去就给他讨便宜了，所以我们姑娘都不回过去的。

采访者：那么您不回，您的姐妹们可能会回吧？

顾友珍：姐妹中也这样，不回的。

采访者：其他地方有些女的唱歌很厉害的，她倒骂过去的，唱过去的。

顾友珍：我们这里唱山歌是不回过去的，但有时也要骂过去的。

采访者：那个时候你们在田里学唱的是不是都是情歌啊？

顾友珍：情歌多。我那时候学了蛮多的曲调，但是现在都忘记了，不知怎么，都忘记了。

采访者：山歌在田里面唱的时候，一般来说是几个人一起唱的？

顾友珍：一般是三五个人吧。

采访者：比方说那个"滴落声"是几个人唱的？

顾友珍："滴落声"一个人也可以唱的。

采访者：那么"埭头歌"呢？

顾友珍："埭头歌"歌词蛮多蛮长的，要好几个人一起唱了。

1986年，新老田歌手在嘉善合影留念，第二排右三为顾友珍

采访者：那么"羊骚头"①呢，几个人唱的？

顾友珍："羊骚头"一个人也可以唱的。

采访者："落秧歌"呢？

顾友珍："落秧歌"要三个人，至少三个人唱。

采访者：那么三个人怎么唱？头上那个人叫什么？

顾友珍：头上那个叫"起头歌"，然后第二个叫"了"，第三个叫"卖"。"了"没有具体内容的，就是借借力，前面的人唱好了，第二个人就接下去唱"了"。

采访者：最后那个"卖"呢，是唱什么呢？

顾友珍："卖"就是头上那两句。

徐顺甫：对整个歌起到一个高潮的作用。

采访者：最后这个人，第三个唱"卖"的时候，第一个人、第二个人不一起唱的吗？

顾友珍：不是一起唱的。三个人就是你一声，我一声，第一个人唱两句，然后第二个唱"了"，"了"结束了之后，起头那一个再唱一句。再唱一句之后就开始唱"卖"了，然后一个人再唱"了"，结束之后，继续唱"卖"。唱"卖"的人费力，气要长。

采访者：您在年轻的时候，一般是唱头上呢，还是唱中间，或者是唱最后？

顾友珍：我唱起头歌。

采访者：那您的妹妹唱什么？

顾友珍：妹妹唱"卖"的山歌。

采访者：中间是谁唱的？

顾友珍：中间随便什么人都可以，就唱"了"。

---

① 羊骚头：多在傍晚乘凉时唱。

顾友珍、顾秀珍合影

采访者：您知道田歌曲调有几种吗？
顾友珍：我知道我们这里田歌曲调一共有7种。

采访者：我想问，您小时候在田里面干活的时候，你们唱的有几个曲调？
顾友珍：我们在田里干活时，会唱《答螃蟹》。《答螃蟹》蛮好听的：你知道一只螃蟹有几个钳？几个壳？几个脐？几只小脚泥里拉？我唱山歌来回答，我知道一只螃蟹两只钳，一个壳，一个脐，八只小脚泥里拉……这样按顺序答上去。一个问，一个答，这个叫《答螃蟹》，还要按顺序答起来，十几、二十几只都能答得出来。两个人干活，无聊时，也可以答一下。

采访者：这个歌您是在小姑娘的时候唱的，还是后面唱的？
顾友珍：在我还是小姑娘的时候唱的。我们姐妹两个在一起，她问我，我答她，比如她问我"四只螃蟹几个钳"，我答她"四只螃蟹八个钳"。

采访者：唱田歌就可以学数学了。

顾友珍：这倒也是的。"四八三十二只小脚泥里拉"，她问我"四只螃蟹几只脚"，我就这样来回答她。

采访者：这首田歌您后来有没有唱过？

顾友珍：后来就是在和尚荡表演的时候，文化站让我们唱，我也唱过的。

采访者：他们有没有给您录音录下来？

顾友珍：没有录。

采访者：是不是这首歌不在田歌那个系列里面？

徐顺甫：这首歌不是在7种田歌调子里的，所以这个没有录音。

采访者：这个《答螃蟹》，现在还有人会唱吗？

顾友珍：一个人怎么唱这种呢？要两个人，一个人问，一个人答给他听。

采访者：这个歌是谁教您的？

顾友珍：那是小时候，别人唱我就听着。那是我小姑娘的时候，学起来很轻松的，听听就会了呀。

采访者：除了这首歌以外，另外还有没有了？

顾友珍：都忘记了，现在这些调也忘记了。我以前记得这些调，无论什么调，唱起来都很好的，老师叫我去唱的呀，老师叫我去教给学生，现在这些音调都不记得了。

采访者：那个时候唱这种"螃蟹歌"，也是在田里劳动的时候唱的吧？您是听他们在田里唱的吗？

顾友珍：他们在摇船的时候唱，很好听，我一直听他们唱。以前村里还有一个王百生，唱起山歌来特别好听，人们常说"百生伯伯再唱呀，百生伯伯再唱呀"。

采访者：那么，歌肯定就是在村里面学来的喽？

媒体引来的社会关注，给田歌的传承注入了新的活力

顾友珍：是的，都是村里学来的。

采访者：《黄浦太湖结成亲》您是怎么学的？
顾友珍：他们唱，我就听，听听就会了呀。我妹妹演出过这首曲子的。我妹妹唱的时候，我觉得她的喉咙很好的，我的喉咙太宽，她的喉咙尖。

采访者：那个时候，你们是不是唱得很高的？
顾友珍：高的，都是 D 调啊，非常响。

采访者：什么 D 调啊？
徐顺甫：就是听专家说的，我们的曲子不是都有 D 调、C 调、E 调什么的，就这个意思。

采访者：那就很高很高了，非常高了，是极高极高。她如果真的唱 D 调的话，那我们只能去听她早期录的东西，我们去听一下。
顾友珍：我家阿三（顾志芳）明天唱的时候，你听听看，她的喉咙好，阿三岁数还轻，喉咙更尖，对吧？和我唱出来差不多的。

采访者："尖"是音高的意思，是吧？唱得高喽，就是尖。

顾友珍：是的，我们这里说唱得"尖"，就是音唱得高。现在我是不行了，真的不行了，喉咙一直比较毛糙。

采访者：您在小姑娘的时候，唱的那个歌，有没有您一个人唱的？还是一定要您跟妹妹一起唱的？

顾友珍：大部分是我们姐妹两个一起唱的，一个人，我是难得唱的。

采访者：那您唱的是什么歌呢？是"滴落声"，还是"埭头歌""羊骚头"，或是"落秧歌"呢？

顾友珍：我唱得多的是"落秧歌"，"落秧歌"就是我唱起头歌。

采访者：您刚才告诉我们，主要唱的是"落秧歌"。那么唱的时候，第一个人，比方说您唱起头歌，是头歌唱完以后第二个人接上呢，还是第一个人还没有唱完，第二个人就开始接起来呢？

顾友珍："落秧歌"是一人一半，第二个唱两句中间的"了"，然后再变成起头歌。一趟我记得唱四句，四句之后唱"了"，接着再唱"卖"，"卖"唱两句，再唱"了"。

采访者：反复来儿次哦？

顾友珍：来回4次。

采访者：那么您跟您女儿一起唱的时候，音也是D调吗？

顾友珍：都是D调。

采访者：那您前段时间嗓音还很好啊。

顾友珍：我年轻的时候嗓子蛮好的。韩金梅老师到我们这里来，他说："她们姐妹两个调好听的。"有一次到西塘，西塘那边的人说要把山歌中好听的歌放给我们听，谁知道放的就是我们俩唱的山歌。

采访者：那你们当时在哪里唱呢？站在什么地方唱？

顾友珍：西塘那里啦，那里大得很，在外面唱呀。我们是第一个节目。我们走过去，小冯对我们说："你们心放坦一点，心放坦一

顾友珍与弟子高建中同台表演嘉善田歌

点。"我倒也不觉得什么，心里放坦一点，也见过大场面的，杭州也去过的，不要紧的，这种场面不怕的。

采访者：在西塘唱歌，对您来说是小意思啦。

顾友珍：不过那次人真是很多啊，开始我们以为和平常那样唱歌就行了，结果台下有几千人了。当我们唱好走下台，那些学生都围上来说"签字啊，签字啊"。我字都不识，怎么签字呀？人都挤满了呀，要让我们给他们签字。

采访者：我刚才算了一下，阿婆如果唱D调的话，唱那个最高的"哆啦"相当于什么，相当于比高音C还高一档。你们知道世界上有三大男高音吗？帕瓦罗蒂，那个美声唱法的男高音，一般都要高音C，就C调的最高的那个音，C调那个"哆"最高，你们唱的比帕瓦罗蒂还高一个二度。

顾友珍：哈哈，他那男高音唱得好，我们是田野里的，小地方的，比不上他呀。

四、山歌变田歌，本土身份意识的觉醒

嘉善田歌，乡民原称其为"山歌""田山歌"，因为嘉善无山，20世纪50年代初期，新文艺工作者就将这种民歌形式称为"田歌"，由此约定俗成，用为专名。

以今天的眼光来看，从"山歌"到"田歌"这一变动，却是嘉善田歌历史传承发生前所未有之重大变革的起点。

受封建传统意识形态影响，嘉善田歌在此之前，很少受到社会精英知识分子的关注，基本属于底层自然生发状态。中华人民共和国成立之后，随着国家对民间文艺的重视，新文艺工作者主动介入到这种原生文艺之中，整理、结集、演员挑选、跨域演出、集体培训……"田歌"的命名，即源于新文艺工作者对嘉善民歌于整个东南部山歌体系中自身辨识度的考量，也基于学术视野对于嘉善民歌发展走向的更精准定性——这是社会精英阶层才会思考的问题。

从此，田歌从田野休闲走向舞台表演，从劳作群众走向专业人员，从自然生发走向智识创编，它承担的社会功能慢慢转向慰问演出、文艺交流……

这也是历史的必然——国家正经历千年未有之巨变，在改天换地的风潮之下，田歌之变分属当然。

采访者：顾老师，在你们当地，过去唱田歌都叫唱山歌，什么时候变成叫唱田歌了呢？这个记不记得？

顾友珍：我们一直叫唱山歌，什么时候改为田歌，我不知道啊。他们上面说在田里唱，就变田歌了。

采访者：因为田歌这个名称是我们官方人士取的，就是文化馆人员啦，这些人取的，当地人没有田歌这个说法的。那么，唱这个山歌，从前你们有没有其他人来乐器伴奏？吹个笛子，拉拉二胡？

顾友珍：没有，没有的。大家都在田里干活，哪有人空着来吹吹拉拉。

采访者：现在你们村里面，包括周边村里的人，他们都叫唱山歌呢，还是叫唱田歌呢？

顾友珍：现在大部分叫田歌了。不同的田歌曲调有不同的演唱

《搡草田歌响铃哨》

方式和演唱场合。田歌词的内容也十分丰富，都是农民现实生活的真实写照，反映长工生活的有《苦长工》《长工苦》等，揭露赌博危害的有《十把骰子》等，反映生产过程的有《十二月棉花》，反映劳动的有《踏车田歌》《搡草田歌响铃哨》，反映反对封建争取婚姻自主的有《五姑娘》，还有《一条花手巾》《十姐妹梳头》等，反映男女爱情的，有《大熬郎》《卖衣香》《讨年庚》……

采访者：您觉得最有名的田歌是哪一首？

顾友珍：最有名的要数《五姑娘》，就是根据清朝咸丰年间嘉善洪溪乡塘东村五姑娘与徐阿天的真实故事口头创作的，在嘉善农村中更是家喻户晓，至今传唱了100多年了，歌词也特别精彩。20世纪五六十年代，《五姑娘》还被改编成田歌剧、越剧、舞剧等多种艺术形式在舞台上展现过。

采访者：您第一次到外面去参加会演的时候，是不是开始叫田歌了？

顾友珍：是的，已经开始叫田歌了。我记得那是一九五几年，具体年份记不清了，我们县里办田歌学习班嘛，我就去了，那时就叫田歌了。

采访者：那说明叫田歌是20世纪50年代开始的。

顾友珍：在那个田歌学习班上学了一个月，是摇船到嘉善县城去的。那时候我们几个年轻人劲头也高的，在那里饭是自己烧的，拿了个行灶（即烧饭的小土灶），随身带着，可以烧饭用的。

采访者：县里面的田歌培训班有没有告诉您为什么叫田歌呢？

顾友珍：他们没有对我说，就说"现在开始唱田歌"。

老田歌手沈少泉和顾家姐妹

采访者：阿婆，现在都有几个田歌班①，这个田歌班是现在演出叫的田歌班呢，还是你们从前就有田歌班的？

顾友珍：过去是没有田歌班的，是我们要演出的时候，和少泉伯伯②三个人组成一个田歌班。少泉伯伯一直带着我们。

采访者：您还是小姑娘的时候，三个人就能唱"落秧歌"吗？

顾友珍：田里有人的话，他们又会唱的，就都会唱。

采访者：只要唱得来，就可以搭？

顾友珍：是的，只要有三个人，就可以搭档的。

采访者：有没有固定的三个人，不变的三个人？

---

① 歌班，是嘉善一带田歌流行地区的一种演唱组织，一个歌班的成员人数不一。
② 沈少泉（1911—1989），男，嘉善县丁栅乡张安村人。从14岁开始唱田歌，整理了数十首传统田歌，为浙江民歌的传承做出了重要贡献。20世纪50年代，与顾氏姐妹组成歌班，多次参加浙江省组织的会演及吴歌研究等学术活动。

顾友珍：不固定，没有固定的。

采访者：您和妹妹什么时候跟沈少泉一起搭田歌班的？

顾友珍：很久之前了，哪一年我不记得了，我们和他一起去上海，去了两次，杭州也去了。我们在烈士墓（拍录像）的时候，我们三人唱山歌，周向阳拍电视。周向阳那时候还很小，像个小孩子，转来转去给我们拍电视。周老师现在五十多岁了。

采访者：我听说您是1954年的时候去参加村里的夜校，还参加了秧歌队，是吗？

顾友珍：嗯，那时村里办夜校，学文化，还有很多人参加秧歌队了，我也参加了。

采访者：沈少泉要比你们大好多岁吧？

顾友珍：我们叫他少泉伯伯，他比我们年纪大，又识字的，我和妹妹一个字也不识的。

采访者：他那个时候是作为长辈一直带着你们？

顾友珍：我们两姐妹就跟着他，因为他识字，我们不识字，在外面路都不认识的。

采访者：那么他唱山歌唱得很好吗？

顾友珍：他唱得好，我们就是跟他学的。

采访者：跟他学什么？您能不能具体介绍一下？

顾友珍：我跟着他学到了那首山歌《大花名》，比妈妈教的更加精细一点，学得更清楚一点，教得更全一点。

采访者：这是唱十二个花名的山歌，您都学全了吗？

顾友珍：没有全部学完，这首山歌很长的，唱起来要几天几夜。就正月这部分就要唱六七次"了""卖"。

采访者：我们刚才一开始是在说您跟少泉伯伯学《大花名》，您刚才说到了要唱几天几夜，这么长的歌？

1956 年，顾友珍、顾秀珍等人演出《牧牛田歌》

顾友珍：是的，长得很，唱完《大花名》这首山歌，就要几天几夜。

采访者：您跟少泉伯伯学的时候，你们有没有唱过十二月花名？
顾友珍：唱过的。

采访者：那您最长能唱几个月的花名呢？
顾友珍：也就能唱七八个月的花名，我们唱不全的。

采访者：那您小时候有没有唱全过？
顾友珍：没有，没有。

采访者：那您妈妈有没有唱完过？
顾友珍：我妈妈也唱不全的。

采访者：少泉伯伯有没有唱全过？

顾友珍：他也唱不全的，这首歌很长很长的。

采访者：阿婆，一九五几年到一九六几年的时候，你们出去参加会演，大队那个时候都给您记工分的吗？

顾友珍：一九五几年那个时候还是生产互助组，没有工分的。后来到一九六几年了，"文化大革命"的时候，生产队记工分，然后给我们一点补贴，补贴我们一点钱。

采访者：那个时候田应该都已经收归集体了吧？都成立大队了。

顾友珍：工分是小队里的，小队里记我们工分。如果没有工分怎么办呀？他们男的要说的呀，要吵架的，夫妻两个出去要吵架的呀。

采访者：那个时候全劳力是多少工分一天？

顾友珍：男的十分，女的七分半。

虽然有着国家级非物质文化遗产传承人的光环，但在生活层面顾友珍依旧是一个中国江南普普通通的农家妇女，岁月的沧桑、生活的劳苦刻在额上、写在脸上，只是藏在她心田里的嘉善田歌，让平常人家如水的日子有光

采访者：这是最高的工分吗？

顾友珍：是的呀，女的最高是七分半，男的最高是十分。

采访者：那么您到外面去演出的时候，他们是不是要给您记七分半的工分？

顾友珍：我们出去演出，生产队里给我们记七分半的，最高的。想想也蛮辛苦的，自己小孩又多。有一次，我们在湖州教工招待所教下乡的知识青年，待了很长时间，后来我就对文化站站长说："我们要回家去呀！我们要回家去呀！"他们说："噢哟，在这里唱，怎么能让你回去呢，回家去干活？"我们说："噢哟，这些小孩在家，没人照顾。"后来，我的大女儿写信来对我说："妈，你放心好了，我会照顾好这几个妹妹的。"

采访者：那次湖州去了多少天？

顾友珍：我们去教那里的知识青年演唱山歌，但这批知识青年学不会，调头不会唱，最后到杭州演出，还是我们去的，是我和我妹妹去的。

采访者：去到杭州演出了多长时间呢？

顾友珍：一个星期左右。

采访者：那知识青年是外地人还是当地人？

顾友珍：当地人。一个是平湖的，一个是西塘的，一个是嘉兴的。一开始我名字也叫得出的。后来，其中一个在光明剧团里敲琴。

采访者：敲琴就是敲扬琴喽？

顾友珍：在光明剧团里敲扬琴。他们到丁栅演出时，我过去了，碰到了那个演唱山歌的，她是个女的，小姑娘。

采访者：现在有很多人唱这个山歌，您那个时候唱跟他们一样还是不一样的？

顾友珍：不一样的。歌词一样的，唱起来调子不一样，而且我们吐字要清晰些。

五、好风凭借力，田歌上台阶

20世纪50年代，嘉善田歌迎来了一次发展的小高潮。由于当时的社会文化发展及政治需要，嘉善田歌得到了极大的重视，专业文艺力量介入了原本自然生发状态的田歌体系，整理、推广、创编等艺术活动极为活跃，改编后的《五姑娘》《黄浦太湖结成亲》等作品在音乐曲调、演唱风格、叙事结构方面都朝更具综合性、更精致、更专业的方向发展，艺术水准得到极大提升。与此同时，在传播方面，田歌的演唱场地由田间、场坝逐渐向文艺会演舞台转移，传播载体也开始转向录制唱片、无线电广播、纪录电影等现代介质。

应当注意的是，在这次风潮之中，农人作为原来演唱及创编的主体，地位逐渐降低，歌唱取悦的对象由身边亲近的乡邻伙伴，变为他们并不太熟悉的观众、专家，他们原本自然形成的价值评判标准也逐渐在现代艺术专业权威体系面前变得弱势，可以说，嘉善田歌原本生发的循环模式被彻底打乱。专业文艺力量的介入，在拔高原有田歌艺术表现层次的同时，也在剥离一些现在看来对田歌非常珍贵的东西。

无论如何，有了更好的作品、更大的舞台、更广的影响力，嘉善田歌迎来了它最美好的时光。

采访者：**顾老师，田歌的歌词您是怎么学的？如何背出来的？**

顾友珍：我学田歌，全是靠背出来的。不记得是哪一年了，我们姐妹两个（被上级通知）到杭州参加一个会议，会上，每个人发了一本书，书里有70多首田歌。后来，这本书被别人借去看，最后就不知道哪里去了。

采访者：**这本书里的70多首田歌，你们都会唱吗？**

顾友珍：有的会唱，有好多不会唱啊。

采访者：**给我们介绍一下你们那次参加演出的事情吧。**

顾友珍：记不清是1953年还是1954年，县里举行第一次农村文艺会演。那时，正好新兵要入伍了，开欢送会，要我们去演唱。唱了之后，新兵拍手拍得那个热烈啊，真是没法落幕啊。我们落幕了，拍手还是那么热烈，然后又拉开幕唱了一首，幕才落下。

采访者：那个时候的词儿都是要新编的吧？

顾友珍：有些是编出来的，有些是老田歌。

采访者：第一次县里会演，您唱的是什么田歌？

顾友珍：我们唱了首《五姑娘》，是一个班子一起唱的。人站两排，前面是我们赵田村的五个小姑娘，后面有五个男人。大家你唱一句，我唱一句，接龙的唱法。

1954年6月，张安村歌手沈少泉参加浙江省第一届民间音乐舞蹈会演，领唱田歌《五姑娘》，荣获演出一等奖

采访者：那参加会演之前，有没有在村里排练过？

顾友珍：稍微练了练，那个时候大家都忙啊，只能晚上在一起稍微练习一下。

采访者：1954年的时候，我们浙江省举行了民间音乐舞蹈的会演，您有没有去参加？

顾友珍：我没去，沈少泉去杭州参加会演，我们赵田村这班人在嘉善参加县里的会演。

采访者：什么时候你们跟沈少泉一起搭田歌班的？是村里面需要你们演出，还是你们主动去跟他搭班的？

顾友珍：沈少泉，我们叫他少泉伯伯，他是我们隔壁村张安村的人，是我们丁栅一带远近唱得最好的田歌手，会唱很多田歌。1958年，县文化部门在丁栅组织田歌班时，上面来通知，要我们姐妹俩和沈少泉三个人去参加，组成一个田歌班，我们就这样去了。就这样，我们和少泉伯伯开始搭班唱田歌了。那个时候，就算我们人出去参加演出了，田里的活都是留下来的，都还是要我们回来后自己做的啊！

采访者：顾老师，您跟沈少泉组合，1958年唱的是《黄浦太湖结成亲》那个歌吗？

顾友珍：是的，当时县文化部门集体创作了新编田歌《黄浦太

湖结成亲》，由音乐家侯家声编曲，这个山歌唱的就是我们嘉善的事情。现在的太浦河就是20世纪50年代末，嘉善县人民兴修水利的梦想，就是想通过挖掘"红旗塘"来连通太湖与黄浦江，让旱涝远离嘉善这块土地。

采访者：这首新创作的田歌与传统田歌是不是一样的？

顾友珍：当年的这首田歌还是保留了田歌传统的演唱风格，里面都是唱田歌的主要曲调，还加了好多变化，老百姓都蛮喜欢的。

采访者：你们田歌班学唱这首《黄浦太湖结成亲》花了多少时间？

顾友珍：县里决定由我们三人田歌班演唱这首新田歌，跟着老师学了10多天，后来在嘉兴、湖州等地演唱。这首歌唱起来蛮难的，少泉伯伯领唱，他的嗓子特别好，我们姐妹俩附唱，唱"了""卖"。我们三人唱得蛮起劲的，下面掌声不断。这首田歌被上海音乐节选中，到上海去演唱，还灌录了首张田歌唱片。

采访者：你们和沈少泉平时劳动中是不是各管各的？

顾友珍：嗯，我们干活在两个地方，他（沈少泉）在联一村，我们在赵田村，平时干活是不碰面的。

采访者：顾老师，您跟妹妹一起到杭州参加会演是什么时候，您记得吗？

顾友珍：我们姐妹两个嘉兴、杭州去了几次，都有通知来的。一张通知上写着，要我们姐妹两个到嘉兴秀城饭店报到。报到嘛，我们又不懂的，下车之后叫了辆三轮车送我们到秀城饭店。我们姐妹两个都是乡下人啊，又不识字，到了之后，坐在那个花坛上。有一个人过来问我们："你们是嘉善人吗？"我们说："是的。"他就说："你们走过来。"叫我们过去休息一会儿，又说："他们都吃饭去了，你们休息一会儿，过会儿他们会来的。"他们关照好了服务员，我们就坐在外面等。

采访者：那这是去嘉兴市参加演出，去杭州参加会演是哪一年？

顾友珍：好像是我们田歌班组成后的第二年（1959年），我们

第五届浙江作家节闭幕式上的田歌表演（2007年9月）

田歌班带着《黄浦太湖结成亲》，去杭州参加省民间音乐舞蹈会演。这是我们第一次到省城上台演出，别提多紧张了，很多专家都在下面看呢。

采访者：当初你们从赵田村到嘉兴城，这段路是怎么过去的？
顾友珍：乘中班轮船，乘到嘉善，然后在嘉善上汽车。我们不知道哪辆汽车去嘉兴，觉得这辆车好像是的，然后就上车了，结果还真是去嘉兴的。到了嘉兴后，就有车子把我们拉到杭州。

采访者：那次你们一共有几个人到杭州去唱呢？
顾友珍：我们嘉兴到杭州去的一共有十几个人，杭州那次会演一共来了七十几个人。

采访者：那次杭州会演沈少泉没有去，唱田歌就你们姐妹两个去？
顾友珍：是的，少泉伯伯没去，就我们姐妹两个去。到了那里后，孙道临对我说："你们过来，你们是我家乡的，你们和我是同乡人，我们一起拍一张照片。"然后还有一个顾锡东，他笑着说："噢哟，这几个老田歌手来了"，他人也挺开心的。然后我们一起和孙道临拍照，拍在一起。我记得吃饭的时候，如果有两桌，他就会和我们坐在一起吃，其他几个都是吃盒饭的。孙道临啊，孙老师，叫我们姐妹两个一起去吃。

采访者：那次去杭州会演，嘉兴有人带队吗？

顾友珍：嘉兴带我们去的那个人叫晓丽，是她带我们去的。她把我们带到接待室门口，让我们走进去。我说："晓丽，你怎么不走进来呢？"她说："我怎么有资格走进去呢？"我说："这种要什么资格呢？走进来就行了。"她说："我这样子，不能走进去的。"

采访者：当时嘉善有多少人去参加？

顾友珍：嘉善只有我们姐妹两个。上面通知来了，就让我们姐妹两个去。

采访者：那么你们省里会演回来之后，您是不是在这里就很出名了，很多人要到您这儿来学习？

顾友珍：名是没有出，但是有人过来学的，他们都来问我的，还有学校叫我们去教唱田歌。我去教了好几次，就是乡里的丁栅小学。

采访者：那么那个时候，小学生有没有学会啊？

顾友珍：这些歌唱起来困难的，特别是"落秧歌"，唱起来蛮吃力的。我就教他们唱《放鸭歌》，这首歌学唱起来比较省力。

采访者：《放鸭歌》也是田歌喽？

顾友珍：也是田歌。

采访者：那个时候电影厂有没有给你们拍电影啊？

顾友珍：没有拍啊。

采访者：录音有没有录过啊？

顾友珍：录过的，是在嘉善录的，但不记得是录了什么田歌了。

采访者：听说1961年上海音乐学院贺绿汀院长来你们这里采风，还听您唱田歌了，有这事吗？

顾友珍：具体时间记不清了，是有这事。说是上海音乐学院由著名音乐家贺绿汀院长带队的音乐工作组来嘉善丁栅采风，请少泉伯伯和我们姐妹俩演唱田歌，并当场录了音，还请孔庆宗现场记谱。贺绿汀院长对田歌非常喜爱，还一再问我们姐妹俩是否愿意到上海音乐学院学习深造，参加歌舞团。

采访者：你们为什么不去呀，这么好的机会？

顾友珍：我们姐妹俩自知不识字，文化水平低，不敢去呀。这一年，丁栅文化站组成巡回文艺演出队，我们姐妹俩双双参加，到各地巡回演出，从此嘉善田歌成为人们喜闻乐见的文艺形式之一。

采访者：后来有人给你们录了唱片，是省里面来的人，还是嘉善当地的人录的？

顾友珍：不知道，这些人我不认识的，说的那些我听不懂。我记得1960年录有一张唱片的啊。

采访者：这唱片就是您唱的吗？

顾友珍：不是。是少泉伯伯和我妹妹两个人唱的。

采访者：这个唱片你们没有保存吗？

顾友珍：文化馆也找不到，我们曾问过文化馆的人唱片放在哪儿了，他们也不知道。录唱片的时候我们还是年轻人，喉咙很爽。

采访者：录唱片是在嘉善，还是在杭州，或者是在上海？

顾友珍：应该是在杭州录的。

采访者：你们那个时候经常在一起唱的有几个人？除了你们两姐妹、沈少泉，还有几个人唱？

顾友珍：那时候，除了我们姐妹和少泉伯伯，还有好几个人。一个是马自宝，一个是江桂英，还有别的地方的，不认识。有西塘的，还有嘉兴的。我们有一次到湖州待了很长时间，教那些知识青年唱田歌。我们不识字的反而去教知识青年。

六、历经劫波，田歌顽强生长

"文化大革命"期间，与绝大多数当时社会其他地方艺术种类遭遇的命运一样，嘉善田歌一度被打成"黑歌"，专业音乐文化力量对嘉善田歌的注入被迫中断，田歌的收集、整理、提升、转化等多项工作被中止，嘉善田歌在社会基层的自然发展也遭到扼制，田歌发展遭遇晦暗时刻。

此次劫难对田歌最大的打击在于它原本承载的社会功能被剥离或弱化：人们以往习惯用它来表达男女情意，在此之后就不常见了；以往用它来传承知识、技能，现在由学校教育来替代；以往用它来传播风俗故事、道德伦理，如今有广播和舞台剧……如果历史不来这样一个急刹车，按照人们的生活惯性，田歌也许还能继续履行自己的社会职能，并在这个过程中，吸纳民间文化的精华元素，从人们的日常生活中源源不断汲取新鲜的创造力，从而与时俱进地更新自己的形式和内容。当人们逐渐习惯生活中没有田歌太阳也照常升起的时候，田歌的营养脐带就被截断了大部分，原有的演唱者、听众、创作者、传播者迅速流失，在社群中的影响力急剧消解。

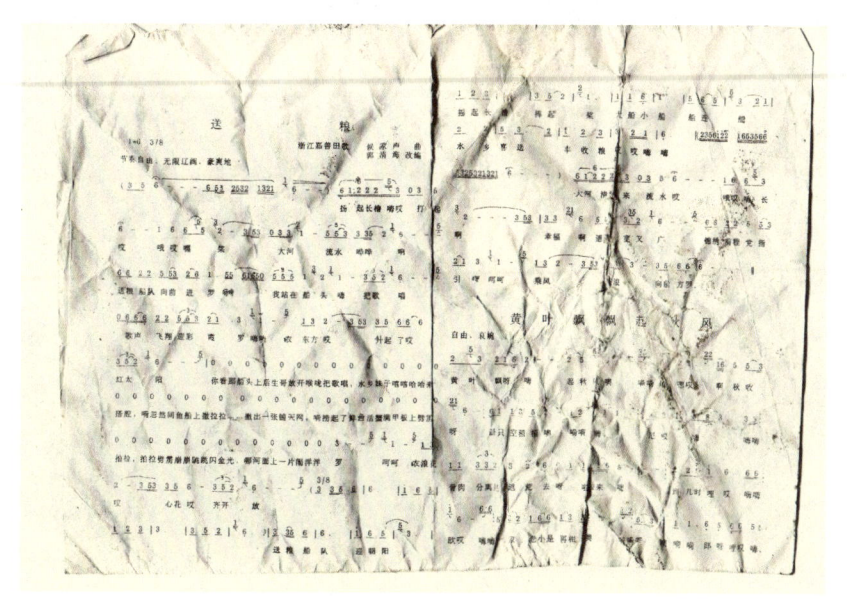

嘉善田歌《送粮》曲谱

虽然遭遇重创，但嘉善田歌毕竟积淀深厚，且内涵丰富、特色鲜明、体系完整，拨乱反正之后，社会对田歌的重视程度迅速回升，许多音乐家纷纷来到嘉善农村采风，对嘉善田歌的研究也不断深入。浙江歌舞团的叶彩华到国外演出时演唱了田歌《送粮》，至此，嘉善田歌走出国门，其在汉族民歌中的特殊价值和地位得到广泛承认。

采访者：顾老师，"文化大革命"期间，你们在田里还唱不唱田歌啦？

顾友珍：不敢唱呀！

采访者：为什么不敢唱了？

顾友珍：要被斗的啊。他们说"黄色，黄色的"，说歌词是黄色的，不可以唱的。

采访者：那么夏天乘凉的时候唱不唱？

顾友珍：也不敢唱，黄色歌词不敢唱。

采访者：一直到什么时候又可以开始唱了？

顾友珍：改革开放之后，我们到湖州去教唱田歌，在湖州待了

参加嘉善县老民歌手座谈演唱会

很久。

采访者：粉碎"四人帮"以后又开始唱田歌了，我知道你们有去参加演出唱田歌。那么在田里劳动时还有没有唱？

顾友珍："文化大革命"结束以后，我们在劳动的时候又开始唱了。

采访者：那个时候您年纪还不大吧？

顾友珍：那个时候岁数不大，才四十岁左右，唱起来劲道还蛮足的。后来岁数大了也不愿意唱了。

采访者：阿婆，您妹妹唱山歌是不是都跟着您一起唱的？

顾友珍：她小时候就跟着我一起唱，总是两个人在一起唱，后来她大了，慢慢一个人也唱了。

采访者：80年代，您跟妹妹都各自成家了，各管各家了，那么您再唱田歌的时候，谁跟您搭档唱呢？

顾友珍：那如果上面有通知要演出，我妹妹和我一起去唱。另外，我们也有一班人了啊，有一班老姐妹是会唱的。现在都老了，喉咙都唱不出了。年轻的时候，我们待在南港村乘风凉时，或者开什么会时，都会让我们唱。我们在田里劳动时，也唱，唱了很久。

采访者：阿婆，您老伴还在的时候，他唱不唱？

顾友珍：他难得唱的，唱嘛也唱的，唱得少。我出去唱田歌，他反对是不反对的。我到外面去唱田歌他不说我的，衣服也给我洗好，饭也烧好。

采访者：那么您妹妹的丈夫他唱不唱呢？

顾友珍：他也难得唱。

采访者：那么在自己家里劳动的时候，都是一批姐妹在一起唱，男的不参加进来的，是不是？

顾友珍：都是女的唱，男的很少唱的。

1983年，老田歌调讲会合影

采访者：80年代，中国歌谣学会常务副会长吴超到嘉善，到丁栅听你们姐妹俩演唱的田歌，您还记得吗？

顾友珍：1986年12月，听说是中国歌谣学会的一位领导到嘉善来，特地到我们丁栅来，听我们姐妹俩唱田歌。他听了以后很激动，还写了一首诗，其中两句是"江南水城好风光，鱼肥稻香田歌扬"。他说，嘉善田歌是江南地方文化中极具个性色彩的优秀民歌品种，清亮优美，富有江南水乡韵味，是一份宝贵的民族音乐文化遗产，嘉善田歌作为嘉善本土优秀文化遗产，在历史文化价值上，特别是在音乐价值上占有特殊的地位，一定要保护好，同时也要保护好会唱田歌的那些老人。吴会长的一番话感动得我们热泪盈眶。

采访者：我听说后来有一年，有两个外国人到您这里来学田歌，有这事吗？

顾友珍：是有这事的。一男一女白天就由韩金梅带来，跟着我学唱田歌。

采访者：那么是谁翻译呢？

顾友珍：那位荷兰人他也是拍录像的，金天麟和韩老师当翻译。

采访者：这两个荷兰人会说中文吗？

顾友珍：不会说中文，说的话听不懂。

采访者：那么他们问过阿婆您什么问题呢？

顾友珍：那天，我妹妹也来了，就是让我们唱一下这些田歌，问题也没问，他们还拍了录像。

采访者：他们就来了一天？

顾友珍：来了一天。

采访者：您有没有招待他们吃中饭呢？

顾友珍：没吃，他们街上去吃的。那个时候，我们这里有开小轮船的啊，他们就坐小轮船出去的。

采访者：那两个荷兰人他们拍了照片、录了像，就回去了？他们告诉您没有，是什么目的来的？

顾友珍：他们这次来，听说跑了好多地方，沙家浜那些地方都去过的。他们说，这次是来采访呀。拍的照片和录像，开始我还记得在什么地方，后来就记不得了，不知道在哪里了。

七、乡村巨变，田歌不"田"

如果说"文化大革命"削弱的是田歌的社会功能，那随后而来，田歌发展面对的就是更根本的问题——"人"的问题。

旧时代中国乡村社会结构较为固化，无论是空间意义上的人员流动，还是社会意义上的阶层变动都相对较少，田歌的受众群体稳定，一方乡土，代代传承，耕先辈的田地，唱先辈的歌，田歌的发展与积淀形态都极为朴素自然。

改革开放之后，随着中国社会商业经济的快速推进，人们的发展天地不再局限于一乡一土，社会流动性加快，乡民纷纷离开世代耕耘的田地去谋求更符合当时实际需要的生计，田歌无法再像以前一样成为人们的话题中心。而且随着生产形态的变化，出于集约经

回到田野的情景戏演出方式，给田歌带来了时代气息，顾友珍的演唱也更加清新自如

营、规模效应的考量，许多田地被外乡人打包承包去种植经济收益更高的茭白等作物，眼前田野上劳作的不再是从前熟悉的伙伴，耳畔再也没有从前那熟悉的呼应，那究竟该唱些什么，又唱给谁来听？

此外，从文化角度看，大众传播带来大量外界的新鲜信息和富于时代气息的艺术形式，受过学校教育的年轻一代不再满足于田歌略显古旧的表达生活内容的形态，而经历过城市生活洗礼的旧日田歌伙伴，由于与原有生产生活模式日益疏离，也渐渐无法如以前一样得心应手地使用田歌去表达。这样的变化使得传统田歌在生产机制、传播机制、传承机制等诸多方面都面临巨大的挑战。

随着社会经济形态的剧烈变动，田歌失去的是传统意义上的生发土壤。

采访者：顾老师，您现在一共有四个孩子，一个儿子，三个女儿，孙子、外孙女都大了吧？

顾友珍：四个子女都成家生了小孩，我当太姥姥了，当外太姥姥了。

采访者：那您的几个女儿、女婿现在在做什么工作呢？

顾友珍：他们都在外面打工。现在田里活也没什么可做的，不像以前，我们每天都在田里干活。

采访者：那么现在周边都没人种稻了？所有的田都怎么处置了呢？

顾友珍：改革开放以后，这里的田租给人家了，有人统一承包了。这些田不种水稻了，有些搭大棚种蔬菜，有些种茭白了。

采访者：那么这一带的人们靠什么生活呢？吃饭的钱从哪里来？

顾友珍：大多数人都靠出去打工赚钱。

采访者：生活方式的改变，就意味着田歌的土壤没有了，田歌的土壤原先是稻作劳动，现在不种田了，那想唱也没有地方唱了。

顾友珍：是的。

采访者：所以生活方式的改变，对田歌整个演唱方式、生存都有影响。现在周边唱山歌的人，除了演出时会唱，在平时的生活与劳动时，都不唱了，是不是这样？

顾友珍：唉，不唱了，现在不唱了，没有听到过了。

采访者：大概是什么时候开始不唱的？是不是就是您说的80年代以后就没人唱了？

顾友珍：唉，自从我们这里田里不种水稻，不在田里干活了，也就没人唱田歌了。

采访者：后代中也没有人唱了吗？

顾友珍：没有人唱了，然后我教给我们家的几个小姑娘，还有我女儿。我对她们说："你们唱，唱了就可以让田歌传下去。"

采访者：那她们学会了多少田歌？

顾友珍：她们学会了一些山歌，但是唱起来时间不长的。

采访者：阿婆，您妹妹有几个孩子啊？

顾友珍：她有两个儿子、一个女儿，女儿最大。

采访者：那么她两个儿子、一个女儿，做什么工作呢？

顾友珍：他们家条件好呀，做老板，两个老板。大女儿是开五金厂的，大儿子开翻砂厂，放东西在炉子里烧，小儿子在他哥哥那里打工。

采访者：现在村里面的这些年轻人，要么当老板，要么打工，是不是这样？田里的活都没人做了？

顾友珍：是的。我家三亩多的田，自己种田，一亩每年才得九百块，租出去要三千块了。可是，租了后，他们不给钱的啊，也不种东西，现在田都荒废了，全部荒废了。

采访者：阿婆，我问个私人问题，可不可以回答一下，现在您的生活费用是哪里来的？

顾友珍：国家给我的，不给我这些，我要苦死了。

采访者：那么村里面其他的老人，他们的生活费怎么办？

顾友珍：现在国家对老年人蛮关心的，一个月有二百块钱补贴，是村里面发的。

采访者：老人都有补贴，那阿婆您这里还有我们非遗传承人的补贴，是吧？

顾友珍：是的，上级对我们传承人很照顾，每年有国家补贴发给我。

采访者：那么就是说，村里面的其他老人，每个月只有二百块？阿婆除了二百块以外，另外还有国家级非遗传承人政府津贴。

顾友珍：是啊，国家重视我们非遗传承人，对我们的生活和非遗的传承很关心，我就比村里其他老年人每年要多一笔收入呀，我很感谢政府对我们传承人的爱护。

八、"非遗"春风，催生田歌新发展

嘉善田歌的传承危机来得如此之快——记忆中的辉煌恍若昨日，短短十多年，就被风吹雨打得满地凋零，一面是国内外专家学者们的一致赞誉、认可，一面是现实中它的存续已经成为迫在眉睫的问题。这样的变化，让传承人措手不及之余，亦是迷茫不已。

毫无疑问，嘉善田歌已经被无数有识之士认定为祖辈留传下来的中华优秀文化，是一座有着巨大开掘潜力的宝库，那么它的问题，就不仅是世代耕作在田野上的嘉善农人肩上的问题，而是一个需要全社会去承担、去思考、去解决的公共问题。

国家级非遗的定性，给嘉善田歌传承发展事业带来了一场及时雨。

系统性的保护与扶持措施全面到位，资金、人员、传承链铺设、学术支持、传媒助力……对于传承人而言，这些措施缓解了他们眼前生活上的困窘，让他们得以有精力、有平台去助力田歌的传承，而且，更重要的是，他们在非遗工程实打实的建构过程中，找到了自己的价值、未来的希望——如果传承人自身都价值迷失，那还怎么去凝聚社群振兴田歌？

当然，要把研究视野提升到更高的社会层面，那么，这些保护工程就是铺垫，是给嘉善田歌提供一个"新起点"的可能。归根结底，能将时代的活力注入自身，能以独特的艺术形式去打动、感染新时代的受众，老树能"新"发，才是未来的关键。

采访者：2005年以后，我国实施非物质文化遗产保护工程，包括嘉善田歌在内的一大批民间艺术得到抢救性保护，是这样吗？

顾友珍：是的呀，田歌也是非遗呀，县里、镇里、村里都蛮重视，田歌也热了起来，嘉善田歌获得了新生。

采访者：阿婆，您是哪一年评上国家级代表性传承人的？

高建中[①]：嘉善田歌是第二批国家级非遗代表性项目名录入选项目，之后，我们嘉善县文化局把顾友珍、顾秀珍姐妹两个都申报了国家级代表性传承人，后来上级说只能先报一个，他们要年龄大的，就报了姐姐顾友珍。2009年，文化部认定顾友珍为嘉善田歌国家级代表性传承人。

采访者：在这之前，您还被评为浙江省民间艺术家，您记得吗？

顾友珍：这个我知道，我记得是1993年12月份，被评为浙江省的民间艺术家。据说当时嘉兴名单中报上去的人，就我们姐妹俩

---

① 高建中（1965— ），女，嘉善田歌省级非物质文化遗产代表性传承人。

被批准了。

采访者：90年代，您是不是好几次去参加县里市里和江浙沪的演唱会？

顾友珍：是的。1994年9月，我们姐妹俩参加由嘉善电视台拍摄的音乐专题片《乡韵》，演唱原汁原味的老田歌《五姑娘》。这部电视片后来在嘉善电视台播放了，我自己也看了，第一次自己看自己演唱田歌，感觉特别开心。后来经常有一些人，甚至是很多年轻人千里迢迢找到我们，要听我们唱田歌，唱唱电视里的那首《五姑娘》。据说，这部电视片先后在省、市电视台和中央电视台七套中播出，嘉善田歌的知名度越来越大。

在1995年首届"万川杯"吴歌大奖赛中，顾友珍获得三等奖

1995年，江浙沪二省一市吴歌大奖赛，我们姐妹俩又去参加了，秀珍妹妹获得二等奖，我获得三等奖。

1997年，荷兰莱登大学亚洲研究中心、中国音乐研究欧洲基金会信息通讯编辑、中国音乐研究欧洲基金会秘书高文厚、施聂姐（汉学家）夫妇两度前来嘉善丁栅采风。荷兰大学教授的到来给我们偏僻的小村子带来了不小的轰动，白天他们与我们一起劳动、一起吃饭、一起聊家常，还听我们唱田歌、讲田歌，晚上整理白天的记录稿，一丝不苟，通过这次采风写出了有关嘉善田歌的研究专著。

采访者：顾老师，新世纪以来，西塘古镇曾经举办多次中国民歌演唱会，您去参加了吗？

顾友珍：2001年10月，西塘古镇国际文化旅游节举办中国民歌演唱会，那次演唱会王昆、郭兰英等著名歌唱家也去了。在这场演唱会里。旅游节组委会专门指示要安排一个嘉善本土的节目，那就是田歌表演，得知要和全国知名的歌唱家同台表演，我心情既兴奋又紧张，几天都没有睡好觉。

采访者：您在这次中国民歌演唱会上唱了哪首田歌？

顾友珍：那次在上台之前，我们姐妹俩都化了装，头上戴印花

顾氏姐妹在西塘古镇演唱田歌，引起现场轰动

头巾，穿上了十分漂亮的传统服装。整个节目先由我们姐妹俩演唱老田歌《大花名》，然后上场的是实验小学田歌组，他们以新的形式演唱了《荷花歌》。

采访者：在这次演唱会以后，一些电视台还到你们丁栅来拍摄田歌？

顾友珍： 西塘旅游节期间，还举行全国15家城市电视台"走进西塘"电视风光片大奖赛，其中武汉电视台参加拍摄一部《古镇田歌》的电视片，以我们姐妹俩为主线，讲述古镇和田歌。那次呀，摄制组还到丁栅沉香村和秀珍妹妹家中拍摄了大量的镜头，到西塘烧香港河中，摇了一个小木船，边摇船边唱田歌，河港两边的好多游客都停下来看了。

采访者：那后来又去了哪里？

顾友珍： 后来我们又到烟雨长廊和送子来凤桥上，那里有好多的人，我们就在人群中演唱田歌。有人在拍电视，我们被围在人群中间，里三层外三层，但我们仍像往常一样唱起了田歌《大花名》："正月梅花初立春，依拉姐推开南纱窗有私情，哎——依——哟——喂……"拍电视的人很高兴，听我们唱的人也很开心。

采访者：非物质文化遗产保护工作的开展，促进了嘉善田歌的弘扬传播，你们田歌手也做出了很多贡献。

顾友珍：国家重视了呀，我们也很开心。2005年7月，中央电视台音乐频道《民歌·中国》栏目到嘉善农村录制田歌，其中有我们姐妹俩演唱的《五姑娘》。记得那次拍摄的地方是在丁栅的长白荡，因为那里有成片的荷塘，荷花开得非常好看。拍摄组的工作人员对拍摄的要求非常高，他们表示，如果不认真的话，真的对不起这么优秀的文化遗产。

采访者：2006年3月，国际旅游小姐中国区总决赛"相聚田歌之乡，感受银河丁栅"主题活动，有30余名参赛选手专程赶赴丁栅渔民村，是不是跟你们学唱田歌了？

顾友珍：是的呀，这些漂亮的姑娘来到了我们丁栅，由我们专门教她们学唱了嘉善田歌。这一年的6月，举行了浙江丁栅·嘉善田歌节，我们姐妹俩的照片被印在所有彩色宣传资料上，全国各地的报社、电视台、网络媒体纷纷称赞我们是"嘉善刘三姐""田歌姐妹花"。

顾友珍在2006年国际旅游小姐中国区总决赛上的演出照

顾友珍与女儿顾志芳、妹妹顾秀珍合影（从右至左）

采访者： 阿婆，您评上国家级传承人后有没有什么想法，准备再培养接班人吗？

顾友珍： 评上国家级传承人，肩上担子就重了呀，只要他们愿意学，我就教给他们，把田歌一代代传下去喽。现在，嘉善田歌是我们县里的一张文化名片，是国家级的非物质文化遗产，我觉得要做的事情有很多。我要把我会唱的那些田歌一直传下去，到丁栅中心学校、到丁栅社区，教学生和喜欢田歌的群众唱田歌，为田歌的传承尽一份自己的力量。

采访者： 现在田歌在你们这里传承情况还好吗？

顾友珍： 现在，田歌在丁栅的传人也已不少了，有黄萍珍、高建中和我的女儿顾志芳等，田歌的所有曲调她们都学会了。黄萍珍还经常活跃在江浙沪一带的群众文艺舞台上，高建中多次参加比赛并获奖，尤以《阿拉老公》最受欢迎，她曾在浙江省首届音乐舞蹈节上演唱《阿拉老公》并获得三等奖。2007年6月，我、秀珍妹妹和顾志芳三人组队参加嘉兴市原生态民歌·曲艺演唱比赛，演唱一曲嘉善田歌并获得了金奖。

采访者：阿婆，您是国家级传承人，您身边这几个（高建中、顾志芳等）都是省级传承人、市级传承人，对吧？那么您是怎么教她们唱田歌的呢？

顾友珍：教田歌嘛，我先教自己的女儿，一开始她不太愿意跟我学呀，她不愿意学。我对女儿说："这样学学蛮好的，这种山歌。"

采访者：那您女儿现在唱得怎么样了呢？

顾友珍：后来我一直教她，让她跟着我唱，这样她慢慢也就会唱了，也喜欢唱田歌了。

采访者：那您下面第三代，孙子或者外孙女有没有在学田歌的？

顾友珍：他们都在读书，没有学唱田歌。

采访者：阿婆，您在2000年后仍继续演唱田歌，而且是带动年轻人一起来学，一起来唱，跟年轻人一起演，是这样吗？

顾友珍：那是2007年吧，我们在沉香柑橘园里参加田歌的小型比赛。那个时候，高建中刚刚学了那首"落秧歌"。我和另外两人表演了一个叫《落秧歌》的节目，我说："你们唱'落秧歌'，我来给你们唱'了'。"

采访者：那次田歌比赛各个村的人都来了吗？

顾友珍：各村喜欢唱田歌的人都来了，唱各式各样的田歌。我们丁栅田歌节是2006年办的，2007年我们文化站站长苏丽君刚上来，就办了一场小型的田歌比赛，县文化馆的老师当评委。大家听了田歌以后，都觉得唱得蛮好听的。

采访者：那么唱的传统田歌多不多呢？

顾友珍：唱的传统田歌也有，不多，就是"埭头歌"啦，"落秧歌"啦，然后还有一个嘛，就是我们的"滴落声"。那个"埭头歌""落秧歌"学起来比较难一点。"滴落声"也是我们传统的，也是老田歌呀。

2006年第一届田歌节

采访者：村里面的老人也唱吗？

顾友珍：老人也有唱的，村上有老人唱"埭头歌"。"埭头歌"就是一个人唱，好几个人帮他合唱，一个人领唱。

采访者：阿婆，您会不会唱"埭头歌"呢？

顾友珍：我不会唱。

采访者：您也没有唱"滴落声"吗？

顾友珍：不唱，我就是唱"落秧歌"为主。

采访者：那么后来阿婆又是哪一年去参加全国比赛了？

顾友珍：那是2012年的时候，我没有去，是我妹妹秀珍去的，她到广东东莞参加全国的比赛，唱"落秧歌"调《五姑娘》，就是用情景戏来演的。

采访者：那您还在哪里唱过"落秧歌"？

顾友珍：2007年到了嘉兴梅园街上，那个时候，建中唱新田歌了,唱《太浦河两岸好风光》,我和妹妹,还有我女儿,三个人唱"落秧歌"。那天是嘉兴市搞的文化遗产日活动。

采访者:2007年以后您去过学校教唱田歌吗?

顾友珍:那个时候学校聘请辅导老师,聘请书拿过来,因为我年纪太大了,行动不方便了,就没去。后来就我妹妹、志芳和建中三个人一起去的。学校的领导都知道我们姐妹,见只有妹妹去了,他们就问:"姐姐怎么没来?"

采访者:前段时间阿婆到杭州去,一共去了几个人,演唱了什么?

顾友珍:去杭州,是我女儿志芳陪我去的。除了我们两人,还有他们演《搡水草》这个节目的人也去了。

高建中:《搡水草》本来是三个人,一条船,现在改变了一下,用两条船。

采访者:那个《搡水草》过去是不唱的吧,在您还是小姑娘的时候?

顾志芳:以前只有在耥稻,用耥耙在水稻行间除草松土的时候唱。

顾友珍:耥稻是唱"埭头歌"。

采访者:摇船的时候唱不唱呢,是您还是小姑娘的时候,不是现在?

顾友珍:摇船时也不唱的。

高建中:在2006年的时候,丁栅第一届田歌节,我们和婶妈她们一直在白鱼荡那边,一直在船上唱的。

采访者:那你们再回想一下,跟顾老师一

顾友珍在2017年姚庄镇"文化和自然遗产日"保护系列活动中获得"最美非遗传承人"荣誉

《2006浙江丁栅嘉善田歌节创作笔会新歌选》目录

《2006浙江丁栅嘉善田歌节创作笔会新歌选》曲谱

2006年嘉善田歌创作研讨会

起演出的，还有一些什么人？

高建中：我记得我十几岁的时候，韩金梅老师经常请两位老师到嘉善去，我一直跟着她们的。

顾志芳：以前我们都不要唱的，她们（指顾友珍、顾秀珍）要教我们。

采访者：阿婆主要唱哪几个田歌的曲调，一共有哪几种啊？您能不能报得出来？

顾友珍：一共几种呀？你（高建中）报报看。

高建中：田歌曲调，我们一共有七种：落秧歌、埭头歌、滴落声、羊骚头、急急歌、嗨罗调、平调。

采访者：那么，阿婆您五十、六十年代，有没有一直跟江苏的苏南、吴江这些地方进行交流？因为他们也有这样的田歌、山歌，曲调差不多的，有没有交流过？

顾友珍：无锡我没去。我女儿上场了，叫女儿去了。

采访者：那么您女儿什么时候开始替代您去唱的？

顾友珍：她开始一直不愿意唱，我说："唱唱蛮好的，开心的。"后来就慢慢唱了，大概在2007年后，我女儿就开始替我出场去唱了。

采访者：那么是不是您教她的？
顾友珍：她先听我们唱，后来有的地方唱得不准，我就教教她。

采访者：那么您女儿唱的能与您完全一样吗？
顾友珍：一样的呀。

采访者：阿婆，现在你们演出还多吗？有没有邀请您出去演出？
顾友珍：现在不多了。不久前还是去了，杭州有个施老师，和我去的杭州，我们到杭州去领奖。

采访者：您去杭州领奖我也在啊。
顾友珍：噢哟，你发奖的啊？我不认识。

采访者：我在给你们颁奖啊，我参加的，那次是在浙江音乐学院演出。您女儿现在出去演出多不多？
顾友珍：蛮多的，她去得蛮多的。我女儿到外面去，沙家浜什么的都去的，广东也去过，演《五姑娘》，杭州、南宁也去过的。

采访者：阿婆啊，韩金梅经常到您这儿来吗？
顾友珍：现在不来了，以前经常来的。

采访者：那个时候我知道在创作一个音乐剧《五姑娘》，他们有没有请您去看过啊？
顾友珍：没有，现在岁数大了，怎么可能去呀？上一次到杭州去，我们姐妹去看了两场戏，一场是越剧《云中落绣鞋》，一场是《谢瑶环》。

采访者：顾老师，希望您在身体允许的情况下，为嘉善田歌的传承发展多做点指导工作。
顾友珍：因为田歌，我们姐妹俩从普通的田歌手成为民间艺术家和国家级非物质文化遗产代表性传承人。在我的一生里，田歌实在是太过重要，因为它，我才有勇气一次次迈过生活的不幸和难关，一次次在生命的绝境中找到了希望的阳光。我会尽量多做点传承工作，把这份珍贵的文化遗产保护好，传承好。

第四章 周边访谈

一、浙江省长三角非物质文化遗产研究院院长黄大同访谈

采访者：黄老师，您对嘉善田歌有研究，请您谈谈它产生的背景。

黄大同：嘉善田歌，它所生发的地理环境在我们浙北平原。苏南、上海和浙北这三块地方都是长江冲刷的泥沙形成的三角洲区域，是一望无际的平原地区。

平原地区有两个特点：一个是没有高山；第二个呢，它都是水。它所有的交通都依靠水路来走的，所以一直到20世纪60年代，这里还是靠水路的，都是靠船，没有公路，更没有什么高速公路了，全部是靠船，水网非常密集。

农作物主要是水稻，再早以前是种棉花，后来种水稻。因为水稻的经济效益不是很好，现在又种其他东西了。但这块地方总的来说，应该属于稻作文化的一个地理环境区域。

在苏南，有很多类似嘉善田歌的歌曲存在，它们也叫田歌，包括上海，以及我们浙北这个嘉善田歌，它们属于同一个区域，都处于长江三角洲区域里。我们这边是属于浙北平原，那边是苏南平原，大家都同属于太湖流域的，所以在这么一个大环境下面，大家都是差不多的，苏南的田歌、上海的青浦田歌和我们浙江的嘉善田歌都是差不多的，地理环境、气候也是一样的。

采访者：那在这个地理环境中为什么会产生田歌呢？

黄大同：嘉善田歌作为一种山歌，它产生的时候，就在这样一

个地理环境里，全部都是平原，全部都是稻田，一望无际的稻田。在那儿劳动的时候，有的时候很累了，很累的时候看到一望无际的稻田，那些耕作的农民肯定偶尔会有种冲动想要呼喊出来。我们都参加过劳动，在水田劳动过，很累的时候，总是要直起身来"啊"那样喊一嗓子，其实喊嗓子也是解乏的过程。劳动的时候，要减轻劳动疲劳，肯定是有这种过程，田歌就是在这样的一个背景下产生的。

采访者：黄老师，您知道嘉善田歌是什么时候产生的吗？

黄大同：嘉善田歌的产生，它有一个很久很久的故事在那儿，在长三角、太湖流域这个区域里面，有一个故事说明这个唱山歌（就包括田歌）是从哪儿来的。

在民间就有这么一个传说。汉代的名臣张良十几年没回家乡了，在回家乡的路上看到一个小姑娘在那耕田，在劳动，他觉得好玩，逗趣一样唱起了山歌：啊你这个小姑娘怎么样，你要嫁给我怎么样……结果，小姑娘就很认真地回唱。这个小姑娘是谁呢？就是张良的亲生女儿。张良非常羞愧，从此不再唱歌。这类当地唱的歌就叫山歌，不叫田歌。

采访者：那您刚才也说了，在江浙沪这边除了嘉善田歌，还有上海的青浦田歌、苏南田歌，那您能不能再说一下嘉善田歌与那两者或者别的田歌相比，它有什么样的特点？

黄大同：几乎一样的，无非是每一个人唱的有点不一样。因为民歌就是这样的，几乎就是一模一样的歌词唱两遍，每一遍的唱法都不会一样的。它有一个大框架，在框架里面，我情绪高了我就唱得花哨一点，情绪低了我就唱得平稳一点。同一个人唱，第一遍唱跟第二遍唱都有一点小区别。民歌是一个大框架下面有很多变化。

还有一个呢，就这一类的山歌最早的时候都是从对山歌开始的，都是我唱四句你唱四句对过来。这种传统我们在《诗经》上面就可以找得到。《诗经》里面不是有《国风》吗，《国风》就是北方15个地区的民歌。我从它的曲调、歌词的角度来说，确实是民歌。《诗经》的《国风》有大量的这种前面四句，后面四句，只是韵脚变一点点，基本上不变的。有明显的对山歌的痕迹，两千多年前一直流传到今天，对山歌就是这样的。

对山歌都是要即兴编词的。比方说："一把芝麻撒上天，肚里山歌万万千，我北京唱到南京转，唱到家乡呢还要唱三年。"然后对方就对过来了，对过来的山歌手一般很有智慧，不像我们今天的山歌手都是学人家的歌词的，那个时候的山歌手是真正即兴创作的。但是创作没那么快呀，我创作四句、八句是可以的，我连续对歌要对三天三夜的，哪有这么多词儿好对出来呀。怎么办呢？就是我唱四句过去，你对回来的时候把四句尾巴上的韵脚改一个字就够了，唱回来。然后我再改一个词儿再唱回去，你再改一个词儿，一个字、两个字唱回来，《诗经》就是这么形成的。《诗经》的《国风》大量的是这样的，第一段、第二段、第三段就是韵脚上有一点变化，基本上都没有变化，两千多年前到今天，山歌都是这么唱的。它跟劳动号子什么的是不一样的。

采访者：您刚才说了山歌的一些特点，那您能不能再给我们说一下嘉善田歌它这个名字的由来。

黄大同：20世纪80年代我去搜集民歌的时候，那个时候的老人们都说不叫田歌，都叫山歌。当地一开始没有田歌的概念，后来什么时候有了呢？我估算了一下，就是1953年的时候，因为这个跟后来顾友珍她们怎么去参加调研有关系。

1953年，当地文化馆的人要搜集民间音乐，浙江省要在杭州举办一个音乐方面的演唱大会，各地都要派人去参加。那个时候没有什么专业人员，音乐、舞蹈都是业余的，嘉善文化馆的人就去找了顾友珍她们一批田歌手，谁会唱、谁唱得好，选拔一些人，到杭州去参加演唱大会。

那个时候，肯定是我们文化馆的人员，或者是我们政府的文教局的什么科长、组长之类的，他们觉得不对呀，我们这块地方上没有山啊，怎么好把这个歌叫山歌的呢，应该叫"田歌"，我们都是田嘛。当地的农民，这些山歌手当然是听政府的，你说田歌就田歌，所以这样改过来了。这改的时间我估算了一下就是1953年左右，以前是绝对没有叫田歌的概念的。全中国都叫山歌，没有叫田歌的。田歌就是我们有知识的人参与进来搜集民间音乐以后改的这个名字。

我问了顾友珍，她自己也说，她小时候都叫唱山歌，没有叫田歌的，这个也是印证了我那个时候了解的情况。

采访者：那黄老师您能不能再给我们介绍一下嘉善田歌的演唱形式和演唱场景都有哪些？

黄大同： 嘉善田歌就是在田间劳动的时候唱的，说得再准确一点，就是在稻作劳动的时候唱的。稻作劳动一开始要拔秧，把在秧田育好的秧苗一丛一丛地拔起来放到担子上，然后到田里面插秧，背朝天、面朝水插秧，插秧插得很累的时候站起来吼几嗓子，唱一唱，然后再继续劳动。

采访者：那它主要的演唱场景也是在田里？

黄大同： 在田里，它主要就是在田里面唱。有人会说这不就是劳动的歌嘛，相当于劳动号子嘛。但是它跟劳动号子有一个最大的区别，因为凡是劳动号子，都是劳动的节奏，而这个节奏跟音乐的节奏是完全同步的，统一的。像打夯号子，夯砸下去、抬起来，节奏都一样的。什么抬石头的号子，四个人抬着很沉重的岩石，"嘿，吼，嘿，吼"，跟脚步是完全同步的，这叫劳动号子。

山歌呢，随你怎么唱，它没有固定节奏的，随你怎么唱都行，它跟劳动的本身，如插秧劳动、割稻劳动的节奏没有必然的吻合。唐朝的时候，诗人就写过四川也有这类的东西，安徽也有这类东西，所以凡是稻作文化都是唱这种山歌的，节奏比较散的、跟劳动不是密切结合的这种歌。

四川还有在田边专门雇了几个人打锣鼓的，它就是激励人们，让人们解除疲劳的。劳动太累了，天不亮就起来一直劳动到天黑，我们都干过，早上四点钟起来，晚上八点钟收工啊，当地人都是这样的。所以在这样的强劳动的环境下面，一定要唱点山歌才能够解除疲劳。我们那时候不会唱山歌，就只会吼嗓子"嗷"，那么一吼，很奇怪，确实能够解除一点疲劳，它有点生理上的一种原因在里头。

采访者：您刚才说的劳动号子，是不是就是像渔歌号子这种，也属于劳动号子的一种？

黄大同： 有好多人对渔歌也是分不清楚的。渔歌的概念更多的是文学概念，歌词的概念。歌词里面描写鱼的，他们就把它称作渔歌。从音乐角度来说，渔歌应该有三类。一个是属于号子类，在船上面，那个时候的船都有帆，帆是很重很重的，把帆拉起来要一批人一起拉，而且必须要动作完全整齐一致，就要唱这个；还有鱼打上来以后，一筐筐的鱼要抬到岸上去，那么大家一起抬要有一个统一步伐，就要唱这个号子，那么这种号子也叫渔歌，它是劳动号子。

还有一种属山歌类。渔民开着船，在船上，看着茫茫大海也吼两嗓子嘛。这吼两嗓子就是山歌。

第三种叫小调。什么叫小调呢？小调是明朝、清朝时候的流行歌曲，流传到现在，你不知道歌词是谁作的，所以把它归到民间歌曲范围内。

民间歌曲分三类，劳动号子、山歌、小调。我们的嘉善田歌正好是这三类的中间一类，最有特色、最有个性的一类。

采访者：您刚才说到嘉善田歌非常有个性，那您能不能再给我们讲一下嘉善田歌与其他民歌在音乐个性方面有什么不同，比如说它的旋律、曲调、发音、结构，还有歌曲的内容方面有什么特色？

黄大同：我把嘉善田歌算作我们浙江山歌类里面艺术程度最高的一类，从艺术的角度来说，它是我们浙江山歌的代表作。我搜集了所有的浙江的山歌，我也研究了整个浙江的山歌。别的山歌都没有它的高度，它的曲调的复杂性、唱的难度都是最高的。

嘉善田歌的原型非常简单，两个音，它是从两个音里面发展出来的。这两个音存在于我国东南沿海的丘陵带，涵盖广东、广西、安徽、江西、福建、浙江，一直到江苏为止，这个丘陵带是我们中国最大的丘陵区。

嘉善田歌的原型，最早的那个核心种子，就发芽在我们东南丘陵的中心地区、核心地区，也就是福建、浙江、江西、安徽交界的这个地方。福建、浙江、江西交界的那个核心区域，民歌是两个音的，一个四度的两个音。然后，慢慢地中间加了一个音，变成三个音。还有呢，中间的那个音往上面靠一点，半度往上面靠，它从一个四度变成两个曲调了，变为两个三音曲调。然后再下来，从地域上一点一点地往北走，就是从深山里面下来，一直往北走，就变成四个音了。四个音的时候浙北平原还没有到，还在杭州包括富阳这条线上。跨过钱塘江，到太湖流域的时候就产生了五个音。在这五个音上面再发展上去，再唱得高一点就是现在的嘉善田歌。

嘉善田歌是山歌类里面最高的艺术表现形式。这个曲调，我找到了它的源头。

采访者：那您能不能再给我们说一说，嘉善田歌它在不同时期主要有哪些特点？

黄大同：特点主要体现在歌词上，不是体现在曲调上，曲调上基本上没有什么变化。除非现在那些群众文化创作，根据原来的曲调重新创作歌曲，那是另外一回事。从非遗角度，田歌没有什么大的变化。

关于田歌的资料，我们现在所看到的、网上所说的都有一些错漏的地方。比方说到顾友珍老人吧，顾友珍是民歌手，网上说她是1954年参加了第一届浙江民歌音乐舞蹈演唱观摩大会以后她就出来了，其实不是的。

采访者：那么嘉善田歌是怎么被发现的？

黄大同：嘉善田歌，我刚才已经说了，不光是嘉善这个地区，江苏南部和上海青浦都有。中华人民共和国刚成立的时候，上海青浦田歌代表我们整个南方地区，参加全国民间音乐舞蹈会演。那个时候浙江还没有田歌推出。

1953年的时候，我们浙江要举行一个音乐演唱大会，嘉善文化馆就找了沈少泉到杭州来唱。他唱了以后，也没有参加什么比赛，就回去了。那个时候，我们浙江省文化局有一个音乐工作组（后来发展为浙江省群艺馆的音乐室），所有的音乐干部都集中在工作组里面，音乐工作组听到了嘉善田歌，印象非常深刻。从我们浙江的角度说，嘉善田歌是一个最高层次的、最复杂的歌曲，音域很宽，不像有些很简单，像念经一样的歌，它很好听，唱得很舒展，音域很宽广。

到了1954年的时候，浙江省举办第一届民间音乐舞蹈会演，要从各地选拔节目，也是为了后面再参加全国的音乐舞蹈演唱大会。我们浙江省文化局的音乐干部（一个是叫乐地，我记得），他们想起来嘉善田歌是很好的，于是就跑到嘉善。到了当地，他们听田歌手唱了以后，就一致认定嘉善田歌是个好的东西，他们两个人就帮助修改曲谱参加比赛，要作为节目参加评奖。

刚刚开始的时候，嘉善田歌就是一首一首单独的曲子，比方说"大头歌"这类的歌，有好几种曲调，都是分散的。他们想这些分散的曲调也不行啊，这么唱也没什么意思。他们就想了一个办法，把当地的民间传说"五姑娘"进行了改编。《五姑娘》描述的是一个

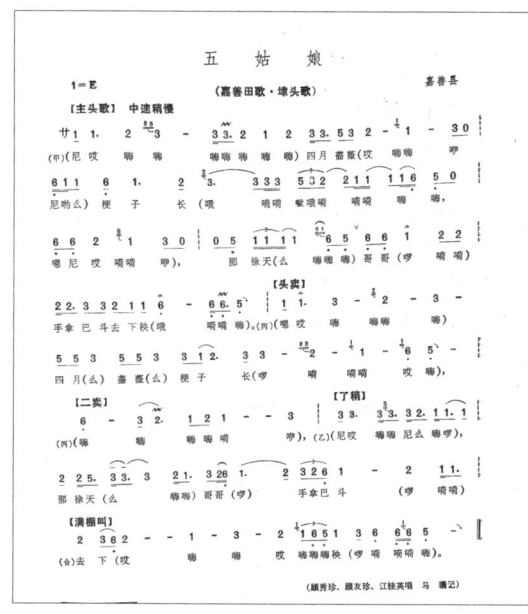

《五姑娘》（埭头歌）

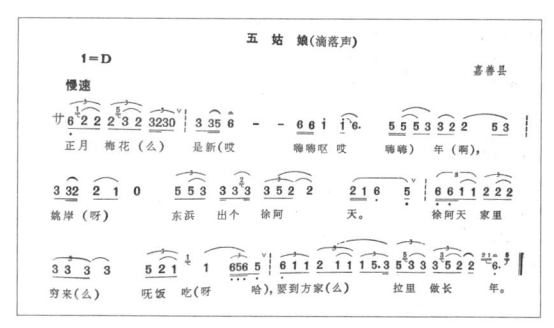

《五姑娘》（滴落声）

清朝时候发生的长工和地主小姐的爱情悲剧。当初的时候田歌是很简单地唱：十二个月，正月里来什么什么，然后五姑娘干吗干吗了，二月里来什么什么，干吗干吗了。有这么很简单的一个唱法。

他们就决定把它编起来，不同的曲调编成一套，综合独唱、对唱、齐唱、合唱等形式。编好以后，他们就在当地挑人。在一个乡里面挑了沈少泉他们三个会唱田歌的人，然后在另外一个乡选了四个唱得好的人，把他们组织起来，形成一个演唱组。

然后我们的音乐干部把它编好，"滴落声""大头歌"等都加进去，编成一套，套上了《五姑娘》的歌词。唱会以后，就先参加嘉兴专区音乐舞蹈观摩大会，七个人全是男的，那个时候没有顾友珍，顾友珍还是很小的小姑娘，她没有参加。

1954年的上半年，这七个人再去参加我们浙江省第一届音乐舞蹈观摩演出大会。他们七个男的，沈少泉为首唱。你们所看到的资料，说顾友珍参加了1954年的调演，其实她没有参加，她是1958年参加的，后面一届参加的。还有，网上面包括书上面都写"沈少泉的田歌班"，没有这个事的。农村里面没有这么一个固定的唱田歌的班。因为那个时候的劳动，那个时候还没有人民公社的，都是个人自己劳动，自己劳动怎么有一个班子呢？没有的事儿。他们都是自己劳动嘛，在一个田里面，我在我的田里劳动，你在你的田里劳动，都隔得好远呢。隔得好远大家唱歌可以对歌，听得见的，但不是在一块田里面。大家一起唱，唱完再一起劳动。那是我们现代人的想象，没有这种事的，不可能的。

采访者：您能不能再说说"文化大革命"之后到现在，嘉善田歌的发展状况？

黄大同：从传统音乐的角度来说，嘉善田歌是得到发展的，什么发展呢？就是走到了专业这条路上。

1957年5月4日，成立了浙江民间歌舞团。这个团成立以后，它就把民间音乐专业化了，专业化里面就加上了很多对唱、合唱、轮唱等专业的演唱方法。后来嘉善田歌又加上了三拍子船歌的节奏，好像摇着船，在水上荡漾，慢慢地摇船过去，山歌手站在船头上面唱歌这么一个情景。唱的那首歌我现在还记得，中间那个三拍子的歌是经过发展的，就很好听了。"文化大革命"期间，田歌《黄浦太湖结成亲》被专业剧团拿过来，把它作为专业剧团的演唱歌曲来参加调演。

后面再发展下去，就是浙江歌舞团的叶彩华唱的。她本身就是嘉兴那一带的人，农村小姑娘，后来抽调到了浙江民间歌舞团，她说的就是这里的语言，所以她来唱嘉善田歌唱得很好。那个时候嘉善田歌就有一个歌叫《节气歌》，中间有几句是以非常快的速度唱的。浙江歌舞团的专业作曲把那个嘉善田歌的《节气歌》套进去，改编成型，一直用到今天。嘉善田歌如果在专业剧团唱，演员一定唱这首，因为这首已经发展得很完整了，它里面有很舒展的慢板、散板段落，又有《节气歌》这样很有个性的"哒哒哒哒哒"，非常漂亮。90年代初的时候，我们从业余歌手里面抽调上来的胡小娥（后来是我们中国武警总队文工团的副团长），她去参加全国的农民歌手大赛得了金奖，她就唱的这首歌，嘉善田歌的这首改编歌曲。

上面我讲的是传统文化的发展这条线。那么另外一条线，非物质文化遗产的话，还是原来的，一直没有变，基本上就没有变，最多是歌词加了点变化。应该分两条线来说这些事情。

采访者：黄老师，您能不能再从学术的角度，给我们简单地分析一下嘉善田歌传统曲子的曲调，以及演唱形式和场景的不同？比如您刚说的这个"滴落声"、《五姑娘》？还有首叫《四个姑娘去踏车》这些，您来举例给我们说一下。

黄大同：这几首歌曲其实是不同的曲调。它们之间没有什么特别的区别，就这个曲调不一样。从音乐角度来说，它就是几个不同的曲调。也就是在一个五声音阶上面，以散板为主的节奏舒展型的山歌，它唱得比较高亢，其他山区的山歌没有它高亢，所以我说它是发展高度最高的一个、代表浙江山歌的一个代表作。它们之间没

《嘉善风味》曲谱

有什么很大的区别，要说区别，最有个性的就是刚才说的《节气歌》，唱得舒展的山歌里面加上一个飞快飞快的东西，"哒哒哒哒哒"那个歌词填进去，像数板一样的这种。还有一个就是"滴落声"，《五姑娘》里用得比较多的曲调。它只是曲调有点小区别，没有什么大的特征区别。

采访者：那在演唱形式和演唱的场景上它们有没有什么不同？

黄大同：基本上都是独唱或者接唱。接唱，就是在劳动的时候，比如说我唱"啊"唱了几句以后，旁边有一块田地的人接过来唱，然后在这块田的人再接过来唱，接唱就是一个人唱几句，还没唱完那边就"啊"跟上来唱了。这种是嘉善田歌的一个很典型的演唱方式。

但是它没有什么对唱、轮唱、合唱，那时候都没有的，那是我们后来把它改编成群众文化的歌曲的时候，舞台上演唱的，民间的、在田野里面劳动唱的就是接唱为主，要么是独唱，要么是接唱。

采访者：您刚才说嘉善田歌，它是最有代表性的浙江民歌。

黄大同：对，从嘉善田歌艺术角度来说，它是代表浙江艺术高度的民歌。

采访者：从文学、音乐、地方艺术的角度来说，它的价值主要是在哪些方面？请您给我们说一说。

黄大同：我就从浙江山歌的角度来看，它的音域是属于最宽的一类山歌了，就是从很低很低唱到很高很高，我记得好像有11度，非常宽广，很多山歌没有它那么宽，这是一。第二呢，它在高音区上面会有所停留，非常高亢，高音区停留的时间也比较长，不像别的山歌没有那么高，没有拉长音拉得那么开，这是它的一个特点。第三，它的曲调从两个音一直发展，发展到最高程度就是嘉善田歌的这个曲调类型了。我们去梳理它的发展过程，就可以看到我们民歌是如何发展过来的，这个不是专业作曲作出来的，是经过几千年，至少两千多年，这么长期的发展，发展到今天的嘉善田歌的曲调高度，所以这个本身就是价值很高的体现。

采访者：黄老师，您能不能再给我们介绍一下嘉善田歌它流传到现在，主要传承方式有哪些？

黄大同：在传统社会里，嘉善田歌的传承方式肯定是年纪小的人跟着年纪大的人哼，听大人们、成年人在那唱，他慢慢地就跟会了，自动地学会了。不会有什么师傅教徒弟的，那个时候没有这种师傅教徒弟的，都是听听，跟着就学会了。

到了后来，就是1953年、1954年、1955年，尤其是到了1957年参加第二届省调演的时候，就有意识地培养了。因为我们文化馆的音乐干部介入了，专业人员介入了以后，就进行了有意识地培养。

像顾友珍，她后来一定是经过我们专业的人辅导、培养的。那个时候，歌手唱得好的都是男人，田里的正劳动力都是男人。把这个小姑娘找来唱沈少泉那些男人唱的歌，那一定是我们文化馆的音乐干部起了很大的作用，有意识地来培养她们。

这就是说，中华人民共和国成立以后，我们这个传承过程就是有意识地传承，有意识地培养，都有政府在扶持，不是民间的随便自己跟跟、学学、听听就会唱了。因为过去那种山歌都是自生自灭，唱山歌那些曲调都是自己编的。现在的曲调都是经过我们专业的人，经过有文化的人加工好以后，再教给民歌手来唱的，这是一个很大的不同。

采访者：那我是不是可以理解为在沈少泉老师出现后，嘉善田歌才有了更大的发展，可以这么理解吗？

黄大同：应该说沈少泉他们这几个人，不光是沈少泉一个人。我刚才说第一届省音乐舞蹈会演的时候，唱嘉善田歌的就有七个人，都是唱得很好的。嘉善文化馆一开始选择了沈少泉他们这七个人，把他们组织起来成立一个班子。那时，沈少泉唱得最好，或者说他的曲调记得最多，或者说他的歌词唱得最多。他一定是有特点的，一定是在演唱上面、在歌词的记忆上面出类拔萃的，所以选择他，以他为首，组成了一个班子一直传唱。也是因为有了他们这一批人，嘉善田歌这块牌子也才打出来了。但是我刚才已经说过了，在20世纪50年代初的时候，沈少泉他们唱的同时，青浦田歌也在唱。华东区调演的时候，我们浙江的田歌没有被选进，选进的是青浦田歌，尽管我们那个时候已经有了《五姑娘》。也就是说，华东区演唱观摩大会里面有很多音乐的节目，有很多舞蹈的节目，选了几个去参加华东会演，《五姑娘》没有被选上。

采访者：那您能不能再来说说顾友珍老师她在演唱方面或者表演方面有哪些特点？

黄大同：开始的时候，演唱田歌的这个组，都是男的在唱，顾友珍作为一个小姑娘加入进来以后，一下就把田歌演唱的色彩丰富起来了。尽管农村里面，比如说顾友珍的妈妈也会唱田歌，但她们毕竟不是主力军，主力军是一帮男的壮劳动力。她们会唱，但一般也是学学、哼哼、唱唱。

顾友珍她们一加入进来，在我们专业人员帮助下，她们很快就掌握了演唱方法。那个时候她们嗓子又很好，她们姐妹俩参加进来，让人耳目一新，就跟我们江南的风格，江南这个诗情画意的风格非常吻合。女的唱了以后，特别是感觉出这个风格了，后来就经常由沈少泉带着她们一起去唱，就有了男声和女声之分。从这个角度上来说，她们对田歌的演唱是做了贡献的。那个时候小姑娘的声音也是很脆、很高、很纯。

采访者：顾友珍老师有没有自己一些创新的地方？

黄大同：这个实事求是地说，我还没有什么发现。她们有她们的局限。一个是年纪大了，你再让她发展什么，她做不到了。第二个呢，她没有文化，她也想不到应该怎么样发展，只是别人教她怎么唱或者她原来怎么唱就怎么教别人，她基本上是在原有的水平线上面。对田歌的新发展、后面的发展我好像没有发现，但我说过，她一开始对田歌是有贡献的，就她们小姑娘加入进来以后，丰富了田歌的演唱形式。

采访者：就是说，她个人的演唱基本只是继承了传统的那些？

黄大同：基本上继承传统。因为她有她的局限，她不识字，没有文化。凡是在非物质文化遗产上有所前进的人，如果不是依靠专业人员来帮助他修改，帮助他发展，只是靠他自己内力发展的，那人一定是很聪明的人，而且一定是有很多文化积淀的人。传统文化里面，有一些人虽然是农村的，但是他很有文化的。他的文化是一种整体的文化，可能字识得不多，但他整个的知识面非常广，上至天文地理，下至鸡毛蒜皮，他都知道。那些人往往会自动把传承到他这一代的非物质文化遗产给发展出去。我再强调一句，是靠他自己，不是靠外头的音乐干部、领导干部，靠外力来发展的，靠外力来发展不是非物质文化遗产的发展，而是专业的发展。我说的非物质文化遗产发展就是靠他自己，传承人自己的发展。

采访者：黄老师，通过这两天对顾老师的采访，您能谈一下对她的印象吗？

黄大同：嘉善田歌是已经列入国家级的一个非遗项目。对于我们整个长三角区域来说，嘉善田歌是一个非常重要的曲种。顾友珍老师从少年时起开始唱田歌，后来在我们政府文化系统工作者的帮助下，她逐渐成长为一个远近闻名的，甚至在全国都有知名度的田歌手，为田歌的传播和传承做出了比较大的贡献。

我觉得这次的访谈工作非常重要。其一，我们掌握了更丰富的原始资料。比方说我们在访谈中间，就发现了一首当地的山歌，这是在以前都没有被记录过的一首。它是以问答形式呈现，叫《答螃蟹》，问一只螃蟹有几条腿，两只螃蟹多少条腿，等于说是民间一种数学的学习，使用田歌的曲调唱的。这是第一次发现，大家都感到很兴奋，把这个谱子和词都记下来了。

其二，我们进一步深化了对田歌的了解。有些山歌，它是纯粹在生活中间作为娱乐、作为抒发情感的一种样式。但田歌作为山歌的一种，它是跟生产劳动方式结合在一起的。它是稻作文化的产物，人们在稻田里生产劳动时唱的，它的很多歌都是与田里劳动密切相关的，比方说顾友珍老师唱的"落秧歌"就是拔秧、插秧的时候唱的歌。通过这次访谈，我们认识到现在农村的生产劳动方式已经发生了变化：现在都是用机器播种、收割了，没有人工收；当地的经济结构发生变化了，当初这儿都是大片的水稻，现在调整为多种农作物种植，水稻已经被压缩到很小很小的一个份额，几乎就是个人自己家里种的。所以，随着当地经济结构的调整和生产劳动方式的改变，田歌的生存土壤到今天可以说不存在了。这就给我们带来一

顾友珍和顾秀珍在嘉善田野中收割庄稼，明亮的歌声载着丰收的喜悦掠过层层稻浪，激起一层又一层历史的回响

个需要深度思考的问题：我们在这样一个现状下怎么来传承田歌，如何来推广田歌？我们要在这个现实下考虑，重新做出思考，而不能像那些还有生活空间的山歌，这个是不一样的。比如说，田歌跟山歌的区别在于，它是紧紧伴随着劳动方式进行的。这跟号子一样，我们现在众多的劳动号子，包括车水号子、抬杠号子，包括海洋上的渔船号子，都随着这种群众的体力劳动的消失，它的土壤就消失了。田歌跟号子是相同的。对这一类生存土壤已经消失的非物质文化遗产项目，我们要怎样来做好它的传承工作，我觉得要我们做出更细致的一些思考来促进它的传承，这是我的一个体会。

其三，通过这个访谈，我们纠正了以往对这些非遗项目的一些认识的偏差。比方说田歌这个概念，顾老师一再强调，他们唱的都不叫田歌，叫山歌。到今天为止，民间还是叫山歌，而不叫田歌。田歌是我们的文化工作者和文化系统的干部取的名字。他们认为这块土地上没有山，怎么可以叫山歌呢？只有田，就叫田歌。其实"山歌"这个词儿不是山上唱的歌的意思，唐代就开始有山歌这个概念，有这个词儿了。它是山野之歌，不是山上唱的歌。所以到今天为止，我们传统的民间社会都一直把这种叫山歌，从来没叫过别的。

通过这次访谈我们更加认识到了，文艺工作者要尊重传统，要尊重民间的东西，不能自己编一套东西来替代原有的传统。这是我觉得我们要吸取教训的一个地方。

另外，对于田歌班，我过去也认为，我们嘉善田歌，或者长三角这一带的田歌都有田歌班，有固定的班子，有半职业的班子在那儿唱，几个人的组合。田歌它跟普通的山歌确实有不一样的地方，除了一唱众和以外，它还有三个人唱，三个人互相交替唱。"落秧歌"这一类的形式必须是一个集体，至少是三个人。那么从这个演唱的形式出发，很多人都把它当作是有一个田歌班在那儿唱。从这次顾友珍跟我们的交谈中间可以知道，田歌班的这个概念，也是我们后来为了演出而把它固定下来的。在当地真实的生活中间，真实的劳动中间演唱山歌，他们就是临时搭配的，没有很固定的一个搭配。而现在我们所知道的，在材料上面，包括我们很多书里面写的田歌班，都是因为演出，为了当时的演出、调演，而被拉郎配形成的。

所以，我们这次的访谈是很有价值的，我们更深地了解到了一些以往我们不知道的东西，这项工作非常有意义。

顾友珍老师她现在年事已高，传承工作都已经交给了她的女儿，也就是她下一代的传承人。但她的作用我觉得还是很重要的。虽然她现在自己不能像年轻的时候那样很完整地表达田歌的风貌，但是她可以指导，她可以指导下面的人，唱的风格对不对、好不好，唱得准不准确，她可以指导。而我们下一代的人，因为受到了很多歌曲的影响，民族歌曲的影响，流行歌曲的影响，在传统的原汁原味的田歌演唱方面，会有一定的跑偏，所以非常需要他们老一辈的国家级传承人来对民歌传承的走向、田歌风格的把握，进行把关，这是很有必要的。

二、嘉善田歌研究专家徐顺甫访谈

采访者：徐老师，您好。您是田歌方面的专家，您能给我们讲讲田歌的历史吗？什么时候开始的？

徐顺甫：400多年了。在冯梦龙的著作《山歌》里边，就记录了吴歌，这说明嘉善田歌，实际上是由吴歌传承过来的。田歌以前是口传的，没有记载。中华人民共和国成立以后，文化工作者普查

田歌研究专家徐顺甫

民间文化，对嘉善田歌进行了整理，后来又整理了一次，非遗普查工作中间，再整理了一次。大概三次整理之后，现在嘉善田歌有171首。

采访者：您可以介绍几首有代表性的田歌吗？

徐顺甫：好的。比如嘉善田歌《五姑娘》，这是一首典型的十二月花名叙事体田歌，讲的是洪溪乡塘东村的一个地主小姐与长工徐阿天相爱、相好，但遭到她哥哥的反对，最后被迫害至死的一个故事。故事对当时社会和农民进行了生动描写。《五姑娘》这首田歌，老田歌手可以用多种曲调演唱，顾友珍习惯用"落秧歌"曲调演唱，其他人还有用"滴落声"曲调来演唱的。用"落秧歌"曲调演唱，听起来相当好听，是田歌中间最好听的一种曲调。它里边（一个人）开头（唱），叫"起头歌"，接下去两个人，一个人唱"了"，一个人唱"卖"，这样接唱、轮唱。当第一个人唱还没有结束的时候，第二个人就插进去了，第三个人也同样的，当第二个人还没有唱完，又接进去了。这样，虽然它是单声部的，但是由于有三个不同的音色组合起来，听起来好像是多声部的，这是嘉善田歌很有特色的一点。

刚才我讲的是用"落秧歌"唱，也可以用"滴落声"唱。"滴落声"曲调也很有特色，曲调呢，时而平稳，时而高亢，在平地上传起来，能传得很远很远。记得我小时候，在竹园里乘凉，可以听到老远的田里边田歌的声音。能传到很远很远的地方，这个就是"滴落声"的特点。

还有《黄浦太湖结成亲》，这个歌是一个联唱的组歌，有好几段、好几节连起来的，用的曲调也大部分是传统田歌，当然也经过稍微改编，听起来内容很融洽。歌词是以开挖红旗塘作为线索。这里南面有一条河，是人工开挖的，开挖了以后，对水利建设、农业生产起到了相当好的作用。这个歌呢，就是讴歌共产党领导，颂扬当时三万民工冒着风雪开挖红旗塘，赞美红旗塘对促进当地农业生产起到的重要作用。

采访者：您再谈谈《阿拉老公》，好吗？

徐顺甫：《阿拉老公》这首田歌不是一下子形成的，先是田歌手们即兴演唱了它的雏形，叫《骂老公》，老婆骂老公不像样，歌词没有现在这样风趣。现在的《阿拉老公》属于新创作的田歌，里边唱的都是传统的曲调，通过作者的再创作，几种曲调融合得很好。唱的内容是什么呢？《阿拉老公》以一个农村媳妇的口吻来唱自己的老公，讲三中全会前后截然不同的劳动、生活态度，歌颂了三中全会精神，歌颂了农村土地承包到户，对农村农田承包责任制进行了热情的歌颂。我把高建中在不同时间唱的录像，连在一起编辑成相对完整的视频，放在互联网上，在网上可以搜得到《阿拉老公》。

采访者：现在当地唱田歌的人多吗？

徐顺甫：现在唱田歌的人不多了，就是这些老田歌手呀！沉香村比较多一点，丁栅这里除了顾老师她们姐妹俩，还有她的三个女儿。俞北村也有几个，俞北村有一个田歌手，他收了两个徒弟，比较年轻的。总体来说，年轻这一代唱田歌的人很少很少的，尤其是自己想学的基本没有。

采访者：您觉得顾老师在田歌的传承中做了哪些贡献？

徐顺甫：首先，她把田歌传承给自己的女儿，然后还传承给周围的群众，像现在已经成为这个省级传承人的高建中就是跟她学习的。其次，她参与了大量的田歌演出。1959年，她们姐妹两个与老田歌手沈少泉一起演出《黄浦太湖结成亲》，新编的田歌，到上海演出获了大奖。后来到我们这个市里面、县里面呢，获奖的次数就比较多了。她唱的这个田歌，音色特别好听。在我们嘉善地区，有好几个镇都有田歌，唱的人也有。但是比较起来，就是我们丁栅这里的田歌，声音最好听，丁栅算起来，顾老师她们姐妹两个人唱"了"最好听。

后来田歌传承遇到了一些障碍，青年人不愿意学唱这个田歌的。顾老师千方百计把田歌传播开来，每次到外面演出叫她，她都是非常开心的，去也开心，回来得奖了更开心。

采访者：能不能谈谈您对嘉善田歌传承的看法？

徐顺甫：嘉善田歌的传承，确确实实有点问题。这个传承在以前都是在田里劳作的时候互相学习的。现在这样子的环境已经没有，就没有这种传承的土壤了，在农田里干活中间传承田歌已经不可能了。

那么，我在想怎么样传承呢？只有靠政府组织培训班。我看这是一个办法。组织培训班让这些青年人来学习田歌。其他我想没有什么好办法。

采访者：要传承最原汁原味的田歌，还有可能吗？

徐顺甫：传承的方式有好多，用文字记载保存下去也是个传承，一些音频资料、视频资料保存下去也是传承。

三、嘉善田歌省级传承人高建中访谈

采访者：高老师，你是什么时候开始跟顾友珍老师学唱田歌的？

高建中：我从小就喜欢唱歌。我十几岁的时候，嘉善文化馆韩金梅老师带着我们全县的歌手，到丁栅举办了一个选拔赛，田歌的选拔赛。从一百多人当中，就选中了我。从那个时候开始，我就唱田歌、学田歌了。我们在丁栅有个田歌培训班，在那里我第一次认识了姆妈顾老师。当时，她们姐妹两个一起过来的。我们请教她们这些田歌怎么唱。

老田歌，"滴落声"比较容易唱，但像"落秧歌"，唱起来就比较难，我就一直努力多听。我和两位顾老师，蛮多次待在一起，听她们唱这首"落秧歌"，不懂的地方我就直接问她们。

从那时候开始，我学会了"落秧歌"。

采访者：顾老师她唱的田歌，你觉得有什么特点？

高建中：我觉得顾老师嗓子比较好，比较清脆。她的田歌味道比较浓，像以前那种田野里唱的，就比如顾老师的那首"落秧歌"，真的是老田歌，真的是原生态。"落秧歌"她们需要三个人唱，一定是要三个人唱的。"落秧歌"就是《大花名》《五姑娘》这两首歌最经典，也是她的拿手节目，她到外面去演出就是这两节目。

采访者：能说说你以前跟顾老师学唱田歌、参加演出的一些事情吗？

高建中：我从16岁开始唱田歌，16岁时我到外面去演出《田歌献给共产党》。到了1986年，韩金梅老师就叫我参加杭州的浙江首届音乐舞蹈节。那次叫我唱首《阿拉老公》，在杭州剧院里演出。

"落秧歌"，其实我学会也迟了一点，那个时候我们作为传承人，必须要把田歌的每一个曲调都学会。"落秧歌"很难，我以前会一直跟在她们后面，听着听着就会了一点，然后，真的要自己上台唱，还是有点困难，我就狠下决心，一定要唱得像模像样，我一定要学会。有哪些不懂的地方，我就麻烦顾老师的呀。"落秧歌"，要三个

田歌传承人高建中

人分别"起""了""卖","卖"的人音比较高一点,后来,"卖"的那部分就是我来唱。

我们这首"落秧歌",2012年参加国家级演出,成绩蛮好的,评上了银奖。我们去了四个人,三个大的,一个小的,作为一种传承的方式。后来,以这首歌,我们还参加了昆山的演出,沙家浜去了两次,我们又到浙江大学。这首老田歌蛮受欢迎的,我们演到哪里,哪里都是热烈欢迎。

采访者:你已经学到了很多田歌。

高建中:我们自己学了很多歌,基本田歌曲调都会了。"落秧歌"最难,"埭头歌"也难,"滴落声"(就是小快板啊)、"嗨罗调"呀,"羊骚头"啊,这些田歌比较简单点。我们作为传承人,必须要把田歌学会,要把它传承下去。

田歌传承人高建中舞台照

现在年轻人,唱田歌的蛮少的。2009年,我们丁栅中心学校就聘请我为校外辅导老师,每个礼拜的周一、周三、周五的音乐课,我去教学生田歌。我觉得他们都蛮可爱的,田歌他们都唱得很起劲。但就是我唱的原生态的田歌,教给他们唱,他们好像有点接受不了,唱起来有点找不到感觉,学生要唱新的田歌。

采访者:现在学生不喜欢唱老田歌,那么你心里面有没有想过,一定要把这个老田歌也传承下去?

高建中:我教学生老田歌的时候,总觉得有一种急迫感:老田歌我们不唱了,"急急歌"我们念也不念了吗?后来我就把词说给孩子们听,就是单纯的"说",后来学生也接受了,觉得蛮好的。"急急歌"也要学会的,也是我们田歌中的一种曲调。

现在我们教学生基本上就以新田歌为主,《太浦河两岸好风光》《牧牛呼声》,这些都是韩金梅老师教的。田歌在外面,演出的曲调,基本上以"滴落声"为主,就比如丁栅水韵舞剧团,他们去外面唱田歌,基本上唱"滴落声"的,因为"滴落声"学起来简单点。如果我们教"落秧歌",教"埭头歌"这些,这些学员很难学的,因为

随着国家对非物质文化遗产保护力度的增强，嘉善田歌的传承更加专业化、体系化，精心编辑的教材已经来到丁栅中心小学孩子们的手边

实在太难了，比较原生态，学不进去。

我觉得田歌是我们的老祖宗传下来的，是我们姚庄的宝，是我们嘉善的宝，容易也好，困难也好，都要多花点时间学，传下去。

现在我们的上级领导也蛮重视田歌。我觉得田歌的前途越来越好。从我们这些孩子的身上，从学校这个田歌专场，我们作为传承人，看到了田歌的希望，心里真是感到非常欣慰。把田歌传承下去，是我们的责任。

采访者：顾友珍老师在你的心目当中是怎么样一个人？

高建中：我请教她，她会毫无保留地教给我的，教我也是蛮有耐心的。

采访者：那么，顾老师对传承嘉善田歌有些什么贡献？

高建中：顾老师对嘉善田歌传承的贡献蛮多的。她年轻的时候，就是到处演出，扩大田歌影响力。这个成绩也是我们上面领导肯定的。1993年她就评上浙江省民间艺术家，到现在被评为国家级传承人，都是自己一点一点把成绩做出来的。她能够评到国家级的传承人是名不虚传的。

采访者：你那个时候学唱田歌，也是先听吗？能不能给我们介绍一下？

高建中：我16岁的时候，我们丁栅公社举行党的生日歌咏会，村干部叫我唱一首，我唱了一首电影插曲，是电影《黑三角》中的《泉水叮咚响》。后来，乡文化站站长看我的嗓子好，叫我去唱田歌。

那时候，每年年底，乡镇要到嘉善去参加全县文艺会演，我去参加了好几次，都是唱歌曲。后来，我去县文化馆参加田歌手的选拔赛，被选中了，我就去参加"南湖之声"音乐会，唱新田歌。那个时候，我第一次见到两个婶婶（顾友珍、顾秀珍）。那是因为我们文化站的站长特意请来两位老艺术家指导我们唱田歌。

那个时候，其实我都不会唱老田歌，只能唱新田歌。这之后，1986年，乡文化站叫我去参加浙江省首届音乐舞蹈会演，我在嘉善体育馆排练了一个星期，唱了首《阿拉老公》。再后来，我就是作为传承人了，把那个老调也学会了。

采访者：你是听她们唱来学的吗？

高建中："落秧歌"是她们（顾友珍、顾秀珍）最拿手的，她们出去经常唱的，我脑子里有点印象了，一直听，一直听，后来基本上就会了。

采访者：你在哪些场合听她们唱的？

高建中：以前韩金梅老师请两位老的田歌手到嘉善文化站做个记录，就我们三个人去的，反正两位婶婶到哪里，我就跟到哪里的，不管什么活动，我都要去的。那个时候第一次听"落秧歌"，没有音响的，就觉得这个歌怎么听起来这样子的。

2004年的时候，我们嘉善组织了一个田歌的抢救工程，两位婶婶和我都去了。那次他们把婶婶她们唱的歌全都录下来，做了个光盘，我还是唱新田歌，不是真正的会，只是对老田歌也有点印象了。

我们丁栅田歌节就是2006年办的，2007年我们文化站站长苏丽君刚上来，就办了一场小型的田歌比赛，那个时候，志芳就出来了，跟她们。我们待在沉香柑橘园里，我们文化馆的那些老师，全

1980年，高建中参加嘉兴第一届"南湖之春"音乐演唱会，演唱田歌《田歌献给共产党》

部在凉亭里当评委，各个村的田歌爱好者都参加，我们唱各式各样的田歌。

采访者：那么后来什么时候，你也跟她们唱了？

高建中：2007年的时候，我正式跟顾老师合作了。"落秧歌"以前他们是三个人，两姐妹还有少泉伯伯，三个人唱的，然后少泉伯伯过世了，她们就两个人唱。2007年那次我想要尝试一下，我觉得最简单的就是"了"，我就帮她们唱"了"，婶妈起头，我在中间唱"了"。后来就一直和她们一起合作。再后来，婶婶年纪大不去了，我就是和志芳，还有小婶婶，三个人来唱。

采访者：你有没有唱给她听，她有没有对你表示认可啊？

高建中：以前我唱的哪里有问题，她们会指导的。哪个地方唱哪个调是她们指导的。

采访者：顾友珍老师对你演唱方面的指导，你能具体举个例子吗？

高建中：就是田歌有田歌的味道，越剧有越剧的味道。那个时候，我唱"了"，有点像唱歌的味道，就是没有田歌的味道。后来婶

丁栅中心学校田歌节

姊她们就教会了我怎么唱，先是会"了"，再学"卖"——"卖"就是不那么好唱的。我刚开始唱"卖"的时候，也像唱歌，后来我一直跟着她们，模仿她们怎么唱，怎么发声的，然后就有点像了。

采访者：那么你有没有唱给她听过呢？

高建中：唱给她听了，她们说蛮好了。有一次，各村的田歌爱好者都来了，我唱完之后，她们都觉得我唱得蛮好的。

采访者：那么传统的田歌你唱得多不多呢？

高建中：传统的田歌就是"埭头歌"啦，"落秧歌"啦，然后还有一个嘛，就是我们的"滴落声"也作为传统的。那个"埭头歌""落秧歌"学起来比较难一点。其实"滴落声"也是我们传统的，也是老田歌呀。

采访者：村里面的老人也唱吗？

高建中：老人也参加的，村上有老人唱"埭头歌"。"埭头歌"就是一个人唱，我们好几个人帮他合唱，一个人领唱。我们基本上新的田歌都是"滴落声""急急歌""小快板"，都是三个连在一起的。

采访者："小快板"是后面创作的吧？是老的还是新的？

高建中：叶彩华老师唱《送粮》也有"小快板"的。

采访者：这个是创造的，临时加的，临时唱这歌的人加的吗？

高建中：唱是很早就唱了呀。

采访者：那么后来阿婆又是哪一年去参加全国比赛了？

高建中：她妹妹去的，她没去。我们2007年到了嘉兴梅园街上，那个时候我唱新田歌了，唱《太浦河两岸好风光》，然后我们顾老师、她的妹妹还有她女儿，三个人唱"落秧歌"。当时是嘉兴市的文化遗产日活动。

采访者：2010年你也去过学校辅导唱田歌？

高建中：那个时候学校聘请辅导老师，聘请书拿过来，婶妈（顾友珍）岁数比较大了，不方便喽，后来就小婶妈（顾秀珍）、志芳和我三个人一起去的。去学校里教一个小姑娘，作为传承的方式。

采访者：还有另外一个小姑娘？

高建中：对的。作为情景戏的方式，我们在台上要做动作的。以前我们在台上是这样唱的，先用那个"落秧歌"的曲调唱一个月，后来我和那个小姑娘唱两个月的"滴落声"，第一个月唱"落秧歌"，第二、三个月我们就是用"滴落声"的曲调。因为演出的时间有限，只有三分钟左右，如果唱歌词部分唱两个月的"落秧歌"，时间就来不及了。所以到外面演出，我们基本在三分钟以内，这个情景戏演出，我们四个人，志芳、我、小婶妈，还有学校的一个小姑娘。

采访者：这个都是文化馆的那些干部让你们排练唱的吗？

高建中：也不是文化馆叫我们做的，是我们丁栅文化站自己组织的。那个时候，我们就在那里面唱，外面来的人很多，就都在那里看。我们还请来了浙江歌舞团的叶彩华老师，也来唱了，叶彩华老师唱了《送粮》，很好听的。那个时候我们经常在船里摇呀，唱呀，阿婆要坐着，我站在船头上，因为我年纪比较轻喽，那个船头上摇来摇去没关系的。上面的领导叫我："唉，高建中，你要在船头上，让阿婆坐在船艄。"有人在中间撑船，我在船头上唱。

2012 嘉善田歌专场演出

采访者：就这样的一个在船上唱的形式，是你们自己想出来的，还是文化站的人安排的？

高建中：那个形式就是我们文化站组织的。

采访者：那你们再回想一下，跟顾老师一起演出的，还有一些什么？

高建中：我记得我十几岁的时候，韩金梅老师经常请两位老师到嘉善去，我一直跟着她们的。那个时候我一直在想："这个田歌谁要唱，这么难听！"

有一次我们到嘉善文化馆，韩金梅老师也到了，我们就三个人去。两个婶妈唱，韩金梅老师让她们唱"落秧歌"。她们唱的时候，我心跳得不得了：这么难听！我赶紧把窗户关上，有人听见没有啊？我赶紧去瞄一瞄，看看有没有人看见。

韩老师有空来这边的话，她们三个人（顾友珍姐妹和韩老师）也唱得蛮多。韩老师唱"了"也蛮好听的。

四、顾友珍大女儿顾志英访谈

采访者：在你眼中，你妈妈是怎么样的一个人？

顾志英：我妈这个人，挺和善的，从来没有打过我们。

采访者：你在你妈妈那里学了田歌吗？

顾志英：也就是跟着唱唱，我没怎么学，没有强制性地学。

采访者：你妈妈平时蛮喜欢唱田歌的，对吗？她平时在什么时间会唱田歌？

顾志英：嗯，她喜欢唱田歌。她是在黄昏的时候，跟着那些人一起唱。我们也跟着唱一唱。有时候在田里，别人叫她唱，她也会唱的。

采访者：那有时候你妈妈要出去演出，演出之前，她会练一练吗？

顾志英：我记得那时候妈妈出去唱得蛮多的，出去之前，也没见她怎么练习，反正她唱的都在她肚子里，张口就唱了。

采访者：你妈从小到大一直在唱田歌？

顾志英：从我记事开始，我妈妈平时干活，或者晚上乘凉都会唱的，她就喜欢唱。

五、顾友珍二女儿顾志芳访谈

采访者：志芳，你是什么时候跟你妈妈学唱田歌的？

顾志芳：大概是在十二三岁，读三四年级吧。

采访者：那是在什么场合，你们开始学唱田歌的？

顾志芳：有时候是乘风凉，有时候在干活，觉得无聊，唱一唱，就会觉得可以散散心，时间过得快一点。

采访者：那么你现在能够唱的田歌有几首？

顾志芳：我现在全唱四首田歌，就是"落秧歌""滴落声""小快板"，还有一些新田歌，比如《牧牛呼声》。

采访者：这里的"小快板"不属于田歌的名称，这个是一种曲调名称。

顾志芳：一般的还说吗？就是《五姑娘》这种？

顾友珍女儿顾志芳在田间劳作

采访者：你再重新讲一遍看，你会的四首田歌，是哪四首田歌？

顾志芳：《五姑娘》《大花名》，然后《四个姑娘去踏车》，还有《牧牛呼声》。

采访者：你为什么会想去唱田歌？这个是出于什么原因？

顾志芳：我妈一直出去演出，她们一直得奖，得奖回来大家都觉得厉害喽。我也觉得唱得好，就跟着她们学了。

采访者：你妈叫你唱田歌吗？

顾志芳：她就是经常跟我们说，唱田歌蛮好的，叫我们都学会，她就是想要把田歌传承下去。

采访者：你小时候，经常听你妈唱田歌的喽，她在什么场合唱得较多？

顾志芳：有时候出去演出，我们也跟着她们出去。她们唱，我们跟着学，也就这样会唱了。我妈她在田里干活时唱得多，在家干活时也唱的。然后夏天晚上乘风凉她们也要唱的。

采访者：你经常跟在你妈身边，听她唱的机会蛮多的。

顾志芳：是的呀，她们唱，我们听着听着，听多了，也听会了。

采访者：在你们姐妹几个眼中，你们妈妈是怎么样的一个妈妈？

顾志芳：我妈常常对我们说："做人么，不要对别人凶。"她这样教育我们，她自己做人做得也是挺和善的。

采访者：她教你唱田歌时是什么样的态度？

顾志芳：教我唱田歌，她蛮耐心的，我们有时候不会唱，或者唱得不准，她也不会凶我们的。她蛮耐心的，我们就慢慢地学喽。

采访者：你们跟妈妈学唱田歌大多选在什么时间？

顾志芳：我们都是晚上学，吃完饭没有事情，就在一起学唱田歌。那个时候，电视机也没有的，晚上就集中在一起学唱田歌。

顾志芳在台上唱田歌（2017年6月25日，浙江省嘉兴市嘉善县姚庄镇丁栅文化礼堂）

采访者：你们跟妈妈学的时候，是你们先唱呢，还是妈妈先唱给你们听？

顾志芳：她先唱嘛，唱给我们听，我们就听着，慢慢就听惯了，听懂了。我妈妈唱的时候，我们也跟着学一学，慢慢就学会了。学了以后，就演出时唱，平时也不怎么唱的。

采访者：她是一个田歌从头到尾唱吗？

顾志芳：她一遍一遍地唱，我们就在一旁听着。然后我妈妈唱，我们也跟着学一学，听听，听惯了就会了。

采访者：那么，你妈妈有没有指导你呢？比如"唉，这个哼得不对"，有没有这么说过？

顾志芳：有时候说的，然后她再唱唱，我们再听听，就这样跟着她学唱，慢慢就唱得好了。

采访者：那么，什么时候你自己练习唱田歌呢？

顾志芳：晚上呀，或者一个人干活的时候就练习唱。先"哼哼"调，"哼哼"之后就可以背出来了。

采访者：那么，你学会唱的第一首田歌是哪一首呢？
顾志芳：我学会唱的第一首田歌是《五姑娘》。

采访者：《五姑娘》用什么曲调唱的？
顾志芳：是用"落秧歌"调唱的。这"落秧歌"调是很难学、很难唱的。我妈妈唱"落秧歌"调唱得好，她就一遍遍地教我。

采访者：你妈妈她最喜欢唱哪首歌？
顾志芳：她最喜欢唱《大花名》。她那个时候是每天晚上唱，觉得开心了就唱，或者有时候闲着无聊就唱了，晚上家里电视也没有，就在家里唱唱。

采访者：你们那个时候几岁呀？
顾志芳：十二三岁。

采访者：是 80 年代还是 90 年代？
顾志芳：十二三岁，我现在五十多岁，那个时候应该是 80 年代。

采访者：刚刚粉碎"四人帮"不久，"左"的思想还很严重，田歌能唱吗？
顾志芳：外面不唱的，我们家里把门关上才唱的，轻轻地唱，不出声。

采访者：你第一次出去演唱紧张吗？
顾志芳：第一次去唱的时候，好紧张好紧张，脸上的肉都抖了，连人都要晕过去了。我当时想："谁还愿意再唱呢？"

采访者：现在田歌演出你参加得比较多了，也有经验了，不会紧张了吧？
顾志芳：后来参加演唱活动多了，特别是我妈年纪大了后，我出去唱的机会多了，也慢慢地习惯了，能比较自然地唱了。

采访者：你作为你妈唱田歌的接班人，你对传承嘉善田歌有什么想法？

顾志芳：我妈可以说是唱了一辈子田歌，现在她年纪大了，作为下一代我们应该把这份珍贵的文化遗产好好传承下去。我也努力做好传承教学工作，让更多的人喜欢我们嘉善田歌。

六、顾友珍三女儿顾志红访谈

采访者：我想问你，在你眼中，你妈妈是怎么样的一个人？

顾志红：我妈把我们几个孩子带大不容易，我爸走得早，就靠我妈勤劳把我们养育大的。我妈在家里生活比较艰苦时，对我们都态度蛮好的，不会对我们凶的。

采访者：你妈妈是怎么教你们唱田歌的？

顾志红：我们都是跟着她瞎唱唱呀！黄昏的时候，她唱，我们就跟着瞎唱唱。

采访者：你妈平时在什么时候会唱田歌呢？

顾志红：一般在吃好晚饭，黄昏的时候唱的，也就是夏天乘风凉的时候，她会唱。

采访者：待在家里的时候，她唱不唱呢？

顾志红：只有在乘风凉的时候唱一唱，在田里干活的时候会唱，平时在家里不唱的。

采访者：你学习田歌，都学会了吗？

顾志红：我唱得少，我姐姐她们会唱。我听她们唱唱。

采访者：你应该也会唱几首的，是吗？

顾志红：唱也会唱几句的，会唱的不多。

采访者：完整的田歌，你会唱一首吗？

顾志红：我是跟她们合在一起唱，这样也会唱几首的。

顾友珍和三个女儿在台上唱田歌（2017年6月25日，浙江省嘉兴市嘉善县姚庄镇丁栅文化礼堂）

采访者：那你完整的田歌能够唱几首？
顾志红：完整地唱，会唱两三首。

采访者：关于你妈妈唱田歌，有哪件事情在你的记忆中比较深刻？
顾志红：有一次我妈妈到湖州去，是去那里唱田歌，她回来时给我们都买了新衣服，我们很开心。

七、丁栅中心学校老师孟雅琴访谈

采访者：孟老师，你会唱田歌，这是跟谁学的？
孟雅琴：我跟顾友珍老师、高建中老师这些传承人都有学，有时候也会自己从光盘上、视频上学。我跟高老师学得比较多一些。我来到这里从事教学工作之后，也多次去她们家里登门请教，顾老师、高老师家里，都去过。

采访者：那你算是顾老师的弟子？

孟雅琴：是的，顾老师教我学唱田歌的。

采访者：你能具体讲讲顾老师在你们学校教学田歌的情况吗？

孟雅琴：好的。我们学校每周星期一下午半天时间，都专门安排了特色课程的学习。学校的田歌社团有30多个孩子。这个社团每次都有老师来上课，经常会邀请我们的课外特聘辅导员，顾老师和高老师她们经常会来给孩子们上课。然后挑选一些比较容易学、比较上口的新田歌，来教给孩子们。比如说《牧牛呼声》《水车》《南湖的菱花开了》《童年的歌谣》等等，这些都是适合我们孩子学唱的新田歌。

采访者：这个新田歌跟顾老师她们唱的老田歌，有什么区别呢？

孟雅琴：原生态的老田歌在节奏和旋律方面比较自由，它基本上没有一个固定的节奏型，对我们小学生来说，掌握起来比较困难。新田歌它有一个比较固定的节奏型，节奏欢快，在歌词内容上也适

丁栅中心学校的田歌传承工作同样具有挑战性，师生们努力探寻各种方法，以求跨越传统与现代之间巨大的观念鸿沟，实现田歌传承的"活化"、新生

合孩子,比较贴近孩子。新田歌孩子们比较喜欢唱,也比较容易学。

采访者:在你看来这样是不是就更有利于田歌的传承?

孟雅琴:对。孩子们学得挺好的,还挺喜欢唱的。今天我带来了一名学生,叫杨芳,她喜欢唱田歌,而且唱得还不错。你可以采访一下她。

八、丁栅中心学校学生杨芳访谈

采访者:这位小朋友,你叫杨芳,喜欢唱田歌吗?
杨芳:是的,我叫杨芳,我喜欢唱田歌。

采访者:你是跟哪位老师学的田歌?
杨芳:都是跟孟老师学的,然后还有跟之前的一个老师,叫孙老师,她也会教我们新田歌。

采访者:那你现在会唱的田歌都有哪几首?
杨芳:我现在会唱《牧牛呼声》,然后《南湖的菱花开了》,还有几首,名字我忘了。
孟雅琴:《车水谣》。
杨芳:对,《车水谣》也会。

采访者:那希不希望以后老师继续教你唱田歌?
杨芳:挺希望的呀。

采访者:你们会不会以后打算继续学下去?
杨芳:会的。

采访者:继承老一辈的田歌吗?
杨芳:应该会吧。虽说我不是本地人,但是我觉得这种歌很好听。

采访者:你当时学田歌的时候,是怎么学的呢?能跟我们讲讲吗?

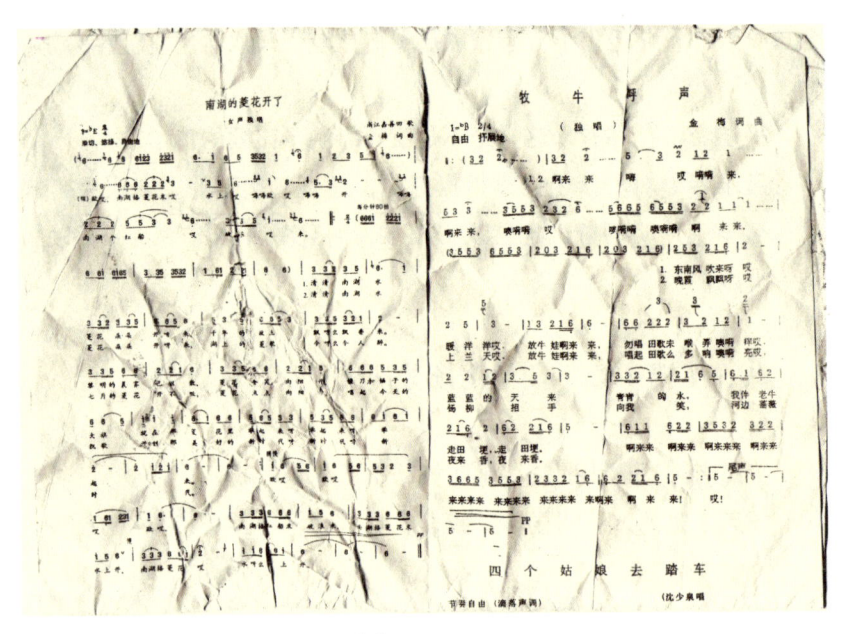

《南湖的菱花开了》《牧牛呼声》

杨芳：刚开始，我就听别人唱，觉得唱得很奇怪，也不知道该怎么去学唱。后来老师说这个是本地的方言，她给我们注音，让我们学，我们很快就学会了。

采访者：**是注的拼音？**
杨芳：对。

采访者：**你就这样跟着学，对吗？**
杨芳：是的。
孟雅琴：学得非常认真，不容易的。

附 录

一、顾友珍大事年表

1937 年	出生于浙江省嘉兴市嘉善县丁栅镇沉香村的一个贫苦家庭。
1948 年	随父母在田野劳作时,和村中邻人学唱田歌,学的第一支曲子是《大花名》。
1949 年	父亲去世,母亲随后去上海做保姆,在家管理田地,照顾两个妹妹和一个弟弟。
1951 年	参加嘉善县田歌手培训班,后由县文化馆编辑整理部分传统田歌。
1954 年	第一次参加嘉善县组织的文艺会演,为新兵表演《五姑娘》。
1956 年	结婚成家。
1958 年	在县文化馆组织下,和妹妹顾秀珍搭成田歌班,演唱嘉善县文艺班子集体创作的新田歌《黄浦太湖结成亲》。
1959 年	表演《黄浦太湖结成亲》被上海音乐节选中,在上海演唱并灌录了首张田歌唱片。
1960 年	参加浙江省民间音乐舞蹈会演,演唱《黄浦太湖结成亲》并录制唱片,由中央电视台作为常播节目。
1962 年	由上海音乐学院院长贺绿汀带队的音乐工作组到嘉善丁栅采风,请沈少泉和顾友珍、顾秀珍演唱田歌,当场录了音,还请孔庆宗现场记谱。
1977 年	去湖州等地传授田歌演唱方法。
1980 年 3 月	与顾秀珍、江桂英参加浙江民族民间独唱、二重

	唱演唱会。
1981 年 9 月	与沈少泉、顾秀珍参加嘉善县民歌手座谈会。
1982 年 11 月	接受来嘉善考察嘉善田歌的中国歌谣协会副会长吴超的采访。
1983 年 6 月	参加由浙江省民研会、省群艺馆组成的吴歌座谈会。
1986 年	参加上海音乐学院来嘉善拍摄嘉善田歌的演唱。
1989 年	参加在上海举行的江浙沪吴歌演唱会，并获优秀表演奖。
1993 年 12 月	与妹妹顾秀珍同获"浙江省民间艺术家"称号。
1995 年 7 月	加入浙江省民间艺术研究会。
1995 年 9 月	与妹妹顾秀珍代表嘉善到苏州参加"万川杯"吴歌大奖赛，并荣获三等奖。
2001 年 4 月	在丁栅接受中央电视台田歌拍摄组采访，演唱嘉善田歌。
2001 年 10 月	参加 2001 中国古镇西塘文化旅游节开幕式演出，与浙江歌舞团歌手叶彩华同台献歌。
2005 年	嘉善田歌被列入第一批浙江省非物质文化遗产代表作名录。
2006 年 6 月	被嘉兴市文化部门授予"嘉兴市民族民间艺术家"称号。
2007 年 6 月	赴嘉兴参加嘉兴市原生态民歌、曲艺演唱会，与顾秀珍、顾志芳演唱《踏车田歌》。
2007 年 8 月	赴杭州参加浙江图书馆文澜讲坛（文化遗产保护

	系列），韩金梅主讲"嘉善田歌的传承和发展"，顾家姐妹穿插演唱。
2008年1月	被省文化厅认定为浙江省非物质文化遗产嘉善田歌代表性传承人。
2008年3月	丁栅镇被列为浙江省非遗传承基地。
2008年11月	在嘉善文化艺术中心孙道临电影纪念馆参加第二届嘉善田歌节开幕式，与妹妹顾秀珍演唱原生态田歌《踏车田歌》。
2008年	嘉善田歌被列入第二批国家级非物质文化遗产名录。
2009年5月	被嘉兴市文化部门认定为嘉兴市首批非物质文化遗产（田歌）代表性传承人。
2009年6月	被文化部认定为国家级非物质文化遗产嘉善田歌代表性传承人。 被嘉善县文化部门认定为嘉善县第一批非物质文化遗产田歌代表性传承人。
2010年5月	应邀参加2010"相聚沙家浜"民歌邀请赛，以原汁原味的"落秧歌"调演唱了老田歌《大花名》，获得比赛二等奖。
2010年6月	与顾秀珍、高建中到丁栅中心学校，与学校老师、学生进行了师徒结对授聘仪式。
2011年5月	澳大利亚墨尔本大学马兰安教授到沉香村调研嘉善田歌，接受采访，演唱老田歌。
2012年5月	赴昆山参加昆山市2012"巴城杯"长三角民歌交

	流展演暨阳澄湖民间文化艺术节开幕式，与中青年田歌手一起演唱嘉善田歌十二月花名体《五姑娘》选段。先以"落秧歌"曲调，用轮唱的形式演唱这首原生态田歌的第一段，然后用"滴落声"曲调演唱第二段，赢得现场观众的热烈掌声。
2013年4月	与女儿顾志芳、学生江紫珊参加浙江电视台流动大舞台"最炫乡村风"（水乡篇）节目录制。

二、传唱在姚庄镇的老田歌歌词选

在留传下来的嘉善田歌资料宝库中,老歌词备受瞩目。这些凝聚着乡音乡趣的歌词,不仅真实地记录了先民们的观念、经历、真实情感,也是过往民俗民情的承载,特别是弥补了劳动人民因为不掌握文字而导致可靠历史记录较为稀缺的缺陷,为研究基层民俗变迁提供了重要资料。现选录若干首如下[①]:

踏车山歌

四个姑娘去踏车,四顶凉帽手里拿,四个凉帽都是牡丹花,头上都插珠子花。

四双鞋子都是蔓墙花,眼睛看在别场花,引线触勒指头丫,只看见东北角乌云起、西北角雨蒙花。

踏啥格哇死人车,种啥格哇断命田,来年点反不如种一大西瓜,阿有东有东村头,西有西村头,南北相对两横头,啥里格横头三十岁后生廿岁哥哥同我拆把车转去,开年点登啦四个姑娘中谈谈说说吃西瓜。

(1983年演唱于丁栅乡张安村。演唱者:沈少泉,男,76岁,汉族,嘉善县人,农民,初小。记录者:沈少泉)

长工山歌

董阿三做长工,正月十二去上工,东家连叫三通。"你话替我动末来动动,你话不动还我这点'老捧'。"我打是包袱上工,跑到东家勒厢屋居中,台子上灰尘白蓬,地皮原封不动。问东家田呐?"田勒江东。"船呢?"船厂里造拢。"东家话"铁搭呢?",铁搭勿牢,拿来敲拢。叫我划只菱桶,一划划到江东,立到场上一望,东家勒菜花一棵勿种。三铁搭一垄,再望望东家烟囱,烟囱刚白,点火烧着;三铁搭一垄,再望望东家烟囱,烟头只有青,刚刚住

[①] 编者注:为保留田歌歌词的原始风貌,编者不对文本作过多修改,以实录为原则。

火来停；三铁搭一垄，垄到肚皮精空，甩脱把铁搭，划只菱桶，划到东家拉船风桩一撞，性命险乎送终。带牢只菱桶，跑到东家勒厢屋居中，一看台子上原是灰尘白蓬，地皮原封不动，东家娘娘话还要上上马桶。冷水汏手指头骨痛，毛布手巾揩面冷面孔疼。揭开镬盖一望，一只油炖菜"活勃龙松"，船虾炖糟合嘴勿拢，有只猪油炖酱勉强弄弄，董阿三捞得一筷，拨不出棺材拨酱拨空，下转孙子再出去做长工。

（1956年采录于丁栅乡张安村。演唱者：江掌林，男，59岁，今已故，汉族，嘉善县人，农民，粗识文字。搜集者：吴睫菲）

小塔花

正月棉花一粒焦，挨家姑娘买香烧，烧香烧到正月半，九莲灯挑到万丈高。

二月棉花白洋洋，姑娘打扮去商量，别人家早花慢花全落地，求签问卦落花秧。

三月棉花是清明，清明过去雨星星，别人家大麦小麦全收起，棉苗碧绿一齐青。

四月棉花两瓣头，青草出到棉花沟，落是一月长情雨，棉花地落到泥稠稠。

五月棉花四瓣头，塔花阿姐勿对头，十只指头烂到九只肿，寄信叫我情郎君哥哥打把纯钢快刀小锄头。

六月棉花似火烧，塔花阿姐喊苦恼，望伊落介一头二日细麻雨，棉花缺水好像一朝粪来浇。

七月棉花七花头，寄信叫我情郎君哥哥来点花头，点得花头棵棵保，今年棉花总要望伊十成收。

八月棉花像人高，人人个个都话要起风潮，求天拜地、拜地求天求你天皇老爷大风勿吹、大雨勿落帮穷人，到初一月半把香烧！

九月棉花九花头，寄信我情郎君哥哥来拾花头，拾到十只织布篮头只只满，奴同哥哥两人笑悠悠。

十月棉花上苞头,上山客人跑来收,还我一千二百两雪花纹银奴勿卖,为来为去为情哥。

十一月棉花上轧车,半褥子轧半花,丝线弓弦弹到喷喷细,装只白铁锭子出细纱。

十二月棉花上布机,伊拉姐双梭子织布笑嘻嘻,八段上机当十段织,瞒娘两段织郎衣。

(1983年采录于丁栅乡沉香村。演唱者:吴金海,男,65岁,汉族,嘉善县人,农民,文盲。搜集者:顾学文)

摇船阿哥太无礼

东南风吹来茄洋洋,车棚里姐姐有拉乘风凉。你跟田里哥哥沾仔泥腥气,还是跟我摇船哥哥去游九州十八乡。

癞蛤蟆爬过叫叽叽,摇船阿哥太无礼。呒没种田人格身泥腥气,叫你摇船阿哥俄煞拉九州十八乡?

(1983年采录于丁栅乡沉香村。演唱者:吴金宝,女,43岁,汉族,嘉善县人,农民,初小。搜集者:顾学文)

结识私情慢慢来

结识私情慢慢来,勿要给闲童闲女看出来,荷叶车盘骨碌骨碌心里转,廿四个沿扭关照落花来。

(1983年采录于丁栅乡。演唱者:梁其昌。搜集者:顾学文)

八扇窗

风风凉凉靠东窗,呒郎阿姐落楼房,落楼下来只看见格对兔子双双朝月拜,呒郎阿姐守空房。

靠仔东窗要靠东南窗,荷花池贴对奴奴姐香房,荷花池里千百样鲜鱼游上游下都是成双对,呒郎阿姐何年何月能成双?

靠仔东南要靠正南窗,画眉鸟躲拉南纱窗,对我奴奴三声叫,鸟吭吭食笑我姐吭郎。

靠仔南窗要靠西南窗,黄杨椅凳摆拉奴奴姐香房,朝朝夜夜也吭郎来坐,只坐我奴奴不坐郎!

靠仔西南要靠正西窗,孟姜女千里迢迢出外去寻郎,大哭三声长城倒,小哭三声海要沉。

靠仔西窗要靠西北窗,不是我奴奴姐吭不郎,爹妈娘做主要攀高亲,我好比小鸟锁在篾丝笼里厢!

靠仔西北要靠正北窗,我勿要有田有地财主郎,也勿要有财有势公子哥,我只要你勤勤快快、老老实实的种田郎才女貌。

靠仔北窗要靠东北窗,织女总有一天会牛郎,寄信你情郎君哥哥早点转家乡,带我奴奴姐一同逃到昆山脚下去垦荒、种地,种地、垦荒快快乐乐过时光!

(1984年采录于丁栅乡张安村。演唱者:谢福生、沈少泉。搜集者:金天麟)

童子痨

一个姑娘生来面皮黄,同桌吃饭脚撩郎,顺脚撩郎济脚撩郎郎勿着,含是眼泪走进房。走进房来走进房,十八岁吭郎勿要困格只死人床,青纱帐子扯到纷纷碎,踢塌棕板打塌床。姐叫一声姆妈娘,十八岁吭郎勿要困格只死人床,我场开头屋里打格三只浪荡铺,守格三年活孤孀。

(1983年记录于丁栅乡张安村。演唱者:沈少泉。搜集者:沈少泉)

蚊子绕身嗡嗡叫

蚊子虽小嘴又尖,一飞飞到姐身边。大姐济看顺看见格只蚊子绕身嗡嗡叫,好像看见我情郎君哥哥缄信到时我姐身边。

（1983年采录于丁栅乡。演唱者：许阿珍，女，75岁，汉族，嘉善县人，农民，文盲。搜集者：顾学文）

唱六姐

湖州过去一条塘，塘上大姐结识一个种田郎，勿贪你铜钿银子田和地，只贪你柴草砻糠自便当。

湖州过去一条塘，塘上二姐结识一个网船郎，勿贪你铜钿银子田和地，只贪你小鱼虾米泡鲜汤。

湖州过去一条塘，塘上三姐结识一个裁衣郎，勿贪你铜钿银子田和地，只贪你零头落角做件小衣裳。

湖州过去一条塘，塘上四姐结识一个卖肉郎，勿贪你铜钿银子田和地，只贪你猪油炒菜滑堂堂。

湖州过去一条塘，塘上五姐结识一个读书郎，勿贪你细皮白肉忒标姿，只贪你做官发财一道游苏杭。

湖州过去一条塘，塘上六姐结识一个讨饭郎，勿讲你破衣破衫难遮身，只贪你老实善良一世白发共一双。

一条塘来话苦尝，大姐、二姐、三姐、四姐、五姐贪便宜，贪吃贪着贪官发财，两年一过个个做孤孀，六姐结识讨饭郎，两年一过双双吃粥靠楼窗，门前一片好风光。

（1983年采录于丁栅乡。演唱者：陆英龙，男，48岁，汉族，嘉善县人，农民，初小。搜集者：小文）

送郎

送郎送到大厅前，小妹两朵眼泪挂落来，抽屉里拿出大红帖子羊毛笔，一笔写定几时几日转家乡。

送郎送到屋脚东，踏掉三伯婆婆三棵韭菜四棵葱，小妹捞起八幅头罗裙，十指尖尖玉手弯弯捞葱蒜，三朝露水一吃马上翘松松。

送郎送到木香棚，木香棚底木香香，采一朵木香到郎手里，一年四季放在心里厢。

送郎送到橄榄棚，橄榄棚里歇歇凉，采一个橄榄塞在你郎嘴里，甜到嘴里凉心上。

送郎送到樱桃棚，樱桃藤割断根还在，粒粒樱桃生得团团紧，年年茂盛送给郎。

送郎送到鸳鸯亭，小妹是你真心着意人，路上三次茶饭自思量，夜里早睡起早安康！

（1983年采录于丁栅乡张安村。演唱者：沈少泉。记录者：沈少泉）

十姐妹梳头

大姐梳头不为难，青铜镜子照眉眼，照了眉眼分竹叶，卸下珠花圈牡丹。

二姐梳头会插龙，桃红面孔粉来搽，细皮白肉人霜雪，霜雪里面张红纱。

三姐梳头抹香油，采朵鲜花插当头，人人说我娇打扮，丈夫出门爱风头。

四姐梳头捣禾香，脚上花鞋三寸长，爷爷叫我高厅从，好比燕子飞来满座香。

五姐梳头直苗苗，好比当头浓粪浇，岳庙里烧香人人爱，五百尊罗汉把身摇。

六姐梳头乐悠悠，前把扎制后把宽，初八二十三夜里闲香女，哪里个郎君不喜欢。

七姐梳头七秋凉，手拿团扇去乘凉，八幅罗裙低低越，白缎子膝口盖鞋墙。

八姐梳头八鹤仙，叫我丈夫出外早回转，路上好花休要摘，有我铁梗海棠紫蔷薇。

九姐梳头九重阳，重阳好酒菊花香，一口焦牙生三十六，说话言语桂花香。

十姐梳头梳不光，村村有姐也有郎，不论贫困找一个，郎转门头姐成双。

（1955年采录于丁栅乡。演唱者：江掌林。搜集者：

善文）

活熬郎[1]

正月初一去熬郎,情哥郎君熬四熬只螺蛳头结象牙床。象牙床上七七四十九块天花板,金镶玉嵌象牙床。青田师傅雕刻工艺高,象牙床上雕刻八出好戏文,四出文来四出武:第一出福禄寿三星,第二出渔樵耕读,第三出吕纯阳三戏白牡丹,第四出牛郎织女鹊桥会,第五出岳飞枪挑小梁王,第六出杨门女将穆桂英,第七出百万军将赵子龙,第八出武松手托千斤石;大红被头丝绸帐子软洋洋。

二月初一去熬郎,情哥郎君得病睡只象牙床,上身热来好比炭火烧,下身寒来好比十二月里水珠冰。

三月初一去熬郎才女貌,拿只灯台火炉要煮薄粥汤,金调羹舀汤银调羹舀汤拨你郎来喝,情哥郎君满嘴唇生疮咽勿落格薄粥汤。

四月初一去熬郎,我小妹真心着意请医师,请到千百个名医,喝到千百种药,郎君肚里一点全呒用,着意小妹分秒不离陪郎君。

五月初一去熬郎,拿是香烛纸马拜五圣堂,我小妹姑娘双膝跪地,脚趾爬泥,脚板朝天,求天拜地,拜地求天,救得我郎病愈,三日文班好戏我小妹当。[2]

七月初一去熬郎,我小妹有思呒想要聘松江道士,三日三夜丁丁当当捉妖捉鬼我郎病愈,情哥郎君病在床,我小妹千百样医治一点全呒用。

八月初一去熬郎,情哥郎君有口难话眼睛白白,二朵眼泪朝里床,二手一翻勿关跑是去,小妹哭断肚肠年纪轻轻做孤孀,好比卖从庄上铁打格付双钩子,日吊心肝夜吊肠,别人家白头夫妻同到老,小妹好比棒打鸳鸯各处飞,今生今世难见郎格脸。

九月初一去熬郎,我小妹姑娘拿是铜钿银子去买棺材,

---

[1] 熬郎:思念郎君的意思。
[2] 下面少了"六月初一去熬郎"一节,疑为漏记。

要买松江棺材十二圆心双龙凤，长生牌位是黄杨。

十月初一去熬郎，东邻西舍诸亲百眷全来到，要请松江道士、青龙山和尚、普陀尼姑丁丁当当超祭你，望你下世投个好爷娘好胞胎。

十一月去熬郎，情哥郎君像像样样去出材，棺材上面一只子孙钉，大红被头盖郎材，廿四个毛头后生抬棺材。前群松江道士丁丁当当敲来唱，青龙山和尚披衫戴顶阿弥陀佛超祭郎，下群普陀尼姑哎吱呀吱超祭郎。巨龙飞舞送郎君，男客低头骑白马，女客低头坐白轿，苏州城里阊门街上转一转，两行两埭看客都在讲，一对鸳鸯棒打两处飞，都晓得吭福气象牙床郎君出棺材。小妹姑娘白布包头齐眼睛，白罗罩衫白罗丝带，大红裤子白罗裙，红绒线扎里，白绒线扎把，端是长生牌位后头跟，哭断心肠送郎君。

十二月蜡梅带雪开，有枝吭叶遮风遮霜一场空，凤凰配是乌鸦亲，断线风筝落得远，到何时何辰再相逢。

十二月初一去熬郎，一支蜡烛三根香，四更头起床百鸟飞拜竹丝灯。清早念佛心内清，一心要拜竹丝灯。拜达十万八千紫金佛，明灯照到天堂路。上照三十三天诸佛亮，下照十八层地狱全开门，东照日出吭霜国，西照临山共四灯，北照金典登宝殿，南照普陀观世音，观音大士朝南坐，眼看丝灯笑盈盈。

莲船一只送郎君，船头朝东艄朝西，抛锚带缆打跳板，郎君跨下跳板步步后头高。仙童仙女护我郎君当空坐，观音娘娘陪我郎。船头上三只明锣堂堂响。起锚抽缆把船撑，撑转船头翻转艄，仙童仙女把橹摇，摇到船头门前好比龙喷水，船舷两边白云飘。竹丝灯引路指西方，阎王老爷朝南坐，观音娘娘在定殿，眼观丝灯笑盈盈，阎王面前说一句：未婚郎君转人生，二十年后再来一个大后生，安居乐业睡只象牙床。

（1985年记录于丁栅乡张安村。演唱者：沈少泉。记录者：沈少泉）

一双花鞋

风吹竹叶响铃铃,姐做花鞋送郎君。元色缎子心,月白缎子滚,毛边蝴蝶头上钉,鸟雀蝴蝶盘后跟,绣出八出好戏文。第一出张仙送子文曲星,第二出郭子仪进军,第三出白雪娘打扮去调情,第四出水漫金山白蛇精,第五出血溅蜈蚣岭,第六出杨家将独出狠强人,第七出韩信打败伊梗梗,第八出铁锤大闹朱仙镇。做得这双栀子花鞋多辛苦,月亮里搓线娘要骂,蚊帐里搓线苦黄连。做得格双小花鞋,江浙两省、湖南、湖北、台湾、福建,出了铜钿呒买处,你勿要看不起格双花鞋,踢踢踏踏抄后跟。

(1954年采录于丁栅乡。演唱者:冯金生,男,50岁,汉族,嘉善县人,农民,文盲。搜集者:张佩英)

一件绣汗衫

东南风吹来茄洋洋,西北风吹来冷冰生,东北风吹来落是三日三夜麻花雨,西南风回转暖洋洋。

暖洋洋来暖洋洋,南纱窗下出个玲珑乖巧好姑娘,脚踏水车团团转,口衔丝线眼窥郎。

郎窥姐来姐窥郎,情哥哥要向我奴奴讨衣裳,郎你要做衣裳剪转布来买转来,我出功夫替郎裁。

白铁剪刀奴家有,绣花"引线"买包来,勿买龙嘴浪搭软条针,勿买唐吊浦头镇。

(急急歌)要买苏州城里、阊门街浪、薛下桥头、芦席行对过、石灰行隔壁、小猪行二隔港、蔡家第三个小妮子手里,要买好的绣花"引线"橄榄针。

我替你裁裁做做,做做裁裁,替你裁开来、做拢来,横三针、竖三针,三三得九针,三四十二针,一针亦勿对,拆过重来,竖针勿对,枉费劳心。

我回来要绣到一潮浪、二潮浪、三里庙、四里堂、五爪金龙、六角酒亭、七层头宝塔、八仙过海、九龙抢珠、十殿阎王,要绣到湖南净寺、湖北昭庆,南高峰相对北高峰、北高峰相对飞来峰、岳王坟相对六和塔，西湖里厢，西湖带浪六条桥，要种田枝杨柳间枝桃，一面要绣王母娘娘献蟠桃，一面要绣蔡状元起造洛阳桥。

还要绣到西湖里三十六只网船，二只上、二只落，二只双双、双双二只，男个登拉船头浪两脚乒乓撑篙、女格登拉船艄浪凸出凸进扯绷，要绣到三十六只老鼠，吱哩吱哩叫，骨碌骨碌滚，呼噜呼噜困，骨碌又翻身。

绣好件汗衫郎穿穿看，披披看，穿是情哥郎叫你到湖南走九城、湖北走九城，堂堂游到，处处闻名，一游游到城角浪厢，三层楼浪三小姐下来看见是，青丝头发拆散来，耳朵浪金圈挂脱来，二只小脚倒拖出，掰牢郎君顺肩胛拍三拍、济肩胛拍三拍，你件汗衫何人绣、何人穿？回头你绣头，我回头你借头，你件汗衫袖浪少绣八只毛脚团脐蟹，襟浪少绣七十二只佛手只只手勾郎。

（1954年采录于丁栅乡张安村。演唱者：吴掌林。搜集者：吴睫菲）

郎拉外头打窗棂
——《打窗棂》节选

东南风吹来暖稠稠，郎君立拉十姐后门口。蚊子叮身郎受苦，昨夜里黄昏立起来立到鸡鸣狗叫五更头。

东天发白天亮来，我小姑娘梳头打扮出房来。我量是一升白米烧来同吾伲姆妈两个吃，吃是早饭做营生。

姐拉机里织绸绫，我郎在外头打窗棂，旧窗棂打到纷纷碎，新窗棂打断二三根。

姐拉机里织绸绫，郎在外头伸拳捋臂打窗棂。姐叫一声郎啊郎，到我小妹姑娘厅堂上一套套由你话，你猛打窗棂叫我小妹姑娘啥想着。

你话呒想情，我偏要你有想情，为啥昨夜里我来你勿开门，你搭识有钿郎君，忘掉我个穷郎君；鸳鸯蜡烛两条心。

你话我两条心，我那哈两条心？你若勿相信我小妹姑娘罚个咒你呀：我搭识有钿郎君，忘掉你穷郎君，我头发丝烂起烂到脚后跟！

你巫神罚咒我勿要听，你小妹姑娘梳妆台角上有只鲜鲜香碗，忘记脱我只人佛手，快刀切藕断私情。

你话断私情，那哈断私情，我拉姆妈娘作主早吃早困早关门。吾伢长窗、短窗，长钉短钉，密要用钉来钉，四角门曰挂起响钟铃。

你有心，我有心，我郎君阿哥勿怕你拉姆妈娘早吃早困早关门，我郎君阿哥要用千万铁凿起，吾伢有把纯钢快刀割断你拉四角门曰响钟铃。

郎君乖来勿算乖，我郎君阿哥比你拉姆妈娘还要乖，今夜是我郎君跑来，你驮郎进，驮郎出，你拉姆妈娘看见仍是格双一寸三分绣花鞋。

（1984年采录于俞汇乡俞汇村。演唱者：丁勇堂，男，70岁，汉族，嘉善县人，农民，文盲。搜集者：李志懿）

一进牢监泪如泉

一进牢监泪如泉，两边犯人带锁链，三餐茶饭难饱肚，四季衣衫不完全，五头相会困壁角，六月蚊子满身叮，七世冤家来作对，八面疏通缺少钱，九九归原上法场，实在冤枉喊青天。

（1983年采录于丁栅乡北蔡村。演唱者：周霞英，女，58岁，汉族，嘉善县人，农民，文盲。搜集者：潘建彪）

郎唱山歌问你姐

郎唱山歌问你姐：天上啥个三分白？天上啥个一点红？天上啥个颠倒挂？天上啥个紧包拢？

姐唱山歌来答回你郎：天上落雪三分白，东方日东一点红，天上星星颠倒挂，乌云遮日紧包拢。

郎唱山歌来问你姐：身上啥个三分白？身上啥个一点

红？身上啥个丁倒挂？身上啥个紧包拢？

姐唱山歌来答回你郎：面孔拍粉三分白，嘴唇胭脂一点红，身上两盆腔丁倒挂，十月怀胎紧包拢。

（1983年采录于丁栅乡。演唱者：陈品泉，男，64岁，汉族，嘉善县人，农民，粗识文字。收集者：顾学文）

郎唱山歌来问你

郎唱山歌来问你：啥花开来节节高？啥花开来像霜刀？啥花开来青草里盘？啥花开来太湖梢？

姐唱山歌来答回你：芝麻花开来节节高，洋眼头花开来像霜刀，野菜花开来青草盘，萝卜花开来太湖梢。

（1984年记录于丁栅乡张安村。演唱者：沈少泉。记录者：沈少泉）

郎唱山歌来问讯

郎唱山歌来问讯：你晓得啥个绳长啥个绳短？啥个绳常挂二中梁？啥个绳日间头跟得哥随身转？啥个绳常陪小姑娘？

郎唱山歌我答回你讯：我晓得粗绳长细绳短，磨发绳常挂二中梁，百里塘纤丝绳日间头跟着哥哥随身转，红头绳常陪小姑娘。

郎唱山歌来问讯：你晓得啥匾小？啥匾常挂二中梁？啥匾登得日间头哥哥随身转？啥匾常陪小姑娘？

郎唱山歌我答回你讯：我晓得筛谷匾大牵磨匾小，金字匾常挂二中梁，卖大糖匾登得日间头哥哥随身转，针线匾常陪小姑娘。

郎唱山歌来问讯：你晓得啥个鸟飞来节节高？啥个鸟飞来像双刀？啥个鸟飞来青草里盘？啥个鸟飞来常躲太湖梢？

郎唱山歌我答回你讯：我晓得十姐妹鸟飞来像节节高，

燕子飞来像双刀,野鸡飞来青草里盘,野鸭飞来常躲太湖梢。

(1983年采录丁栅乡北蔡村。演唱者:沈亦心,男,55岁,汉族,嘉善县人,木工,初小。搜集者:潘建彪)

十二月花名带生肖

正月梅花一立焦,夜游神眼睛出胡椒,在二部梁上得流流寻食吃,黄猫一到命难逃。

二月杏花开来头对头,阎罗王派你投只牛啊牛,四五六月耕田种,秋收八月上常州。

三月桃花满树红,西山头老虎固然凶,出洞有三阵狂风起,每家人家做起一只毛竹弓。

四月蔷薇蕾头多,兔子双双要寻窠,兔子不吃窠边草,一年四季落两窝。

五月石榴蕾头圆,老龙取水白满满,一年要取三朝四朝干净水,威风凛凛落龙潭。

六月荷花池中生,青梢蛇游金草里登,田鸡鸱多,一肚尾巴圈圈系绳团。

七月牡仙喷喷香,造太子骑马上告场,日间头要走千里路,夜间头缺少草来尝。

八月菊花叶头长,西山头养起双老胡羊,头皮做衣能保暖,羊肉也好待客商。

九月菊花盆里兴,花果山上出猢狲,小猢狲啦山头牢上玩白相,洋州女捉赚铜钱。

十月芙蓉应小春,阎王派你投只鸡,冬至勿杀年夜杀,客人到来上杀场。

十一月蜡梅心里黄,灰沙小狗叫汪汪,热茶热饭没有分,馊粥馊饭到肚肠。

十二月花花为开,棚里只猪猡捉出来,三股头麻绳扎脚无人劝,勒端斤估两有人来。

(2008年采录于俞北村。20世纪50年代传唱。演唱者:黄善庭。搜集者:徐顺甫)

三十六个虫豸

正月里来梅花开，蜜蜂开起爿茶馆来，梁山伯相帮洒开水，坐账小姐祝英台。

二月里来杏花红，来了茶客石蝴蜂，即里红谈谈家常事，在节（蟋蟀）无毛难过冬。

三月里来桃花开，螳螂哥打扮赶春台，蜻蜓拜得来摇船，蝈蝈提篙撑开来。

四月里来蔷薇开，蚕宝宝做丝上山来，蚊子吃饱夜饭无舍做，苍蝇困觉明早会。

五月石榴满树红，洋蝴蝶登拉花当中，知了胡叫到应天响，地壁虫吓得不敢动。

六月里荷花透水面，纺织娘登拉当中哭青天，叫哥哥苦苦来相劝，金铃子常登拉姐身边。

七月凤仙香喷喷，蟑螂起病仗寒症，萤火虫提灯郎中请，请到四脚蛇一到就送终。

八月牡仙喷喷香，蝗虫出去偷婆娘，言头上得主偷眼看，结识私情织布娘。

九月菊花心里黄，出兵打仗是蚂蝗，蜓蚰背包无头事，千万个蚂蚁不成王。

十月芙蓉应小春，青蛙田鸡要偷懒，金钱乌龟做好人，赤屁虫出个破名声。

十一月水仙开，轧搔要去摆擂台，百脚登在当中活闸杀，灰骆驼提兵反进来。

十二月蜡梅黄，蚤虱要去开典当，白虱要去造逢做，壁虱当件破衣裳。

（2008年采录于俞北村。20世纪50年代传唱。演唱者：黄善庭。搜集者：徐顺甫）

十个字带故人

一字写来一画长，要唱当初小沉香，小沉香手拿一把开山斧，劈开华山救亲娘。

二字写来成弟兄，秦叔宝相对尉迟恭，薛仁贵跨海征东去盖世交，落杀在海居中。

三字写来三寸长，关云长出外打刀枪，打得刀枪桃园结义三弟兄，来过城头杀蔡阳。

四字写来像风箱，精忠报国杨家将，八虎要把幽州闹，敌箭身亡杨七郎。

五字写来像铁墩，杨五郎是个孝顺人，住在五台山上做个会和尚，后来得子万千兵。

六字写来笠帽形，杨六郎是个好强人，杨六郎儿子杨宗保，七岁提枪去出征。

七字写来像把刀，武大郎落难卖糖糕，潘金莲小姐搭杀西门庆，武松杀嫂请乡邻。

八字写来两拍开，西洋女国反进来，反到岳家父子三代哉，穿红着绿杀出来。

九字写来像金句，三气用瑜命来闲，牛将虎骑龙背归天去，哭死英雄程铁牛。

十字写来像只鹰，张飞长坂坡桥下退曹兵，喊声吓得水倒流，赵子龙单枪匹马救出小主人。

（2008年采录于俞北村。20世纪50年代传唱。演唱者：黄善庭。搜集者：徐顺甫）

十杯酒

劝郎吃酒第一杯，郎捏酒壶姐来陪。后生介吃酒要坐东北角，私情娘陪酒立下底。

第二杯酒凑成双，满碗头小菜敬情郎。娘舅阿夫待你吃呒介好，私情娘待你没成差。

第三杯酒洒三洒，请你情郎吃酒勿回家。两人私情路远迢迢勿便当，拆塌灶头并一家。

第四杯酒四角齐，早伴砂糖夜伴眠。日间头（白天）走来同台同桌同白话。

夜间头（夜里）走来同床合枕一头眠。

第五杯酒五色浓，五十样丝线绣成功。上眉头绣起五爪金龙虚空挂,下眉头绣得雷响复显(闪电)满天红。

第六杯酒朵六圆,乌背鲫鱼嵌肉丸。依拉姐是摇脚伢手,伢手摇脚,伢手伢脚,跑到台子跟头,踮起脚头,翘起袖头,动起筷头,促塌两头,抖走抖走,挟到你郎嘴头,叉叉吃吃趁鲜鲜。

第七杯酒吃得情郎面孔红,双手上起摸姐胸,姐叫一声郎呀郎,晴天江里能胆大,青天白日有人防。

第八杯酒吃得情郎醉起来,情哥郎迟洋洋沉到八仙台。依拉姐是顺(右)手抄郎济(左)手抄郎,郎勿起,后生介酒醉自落起。

第九杯酒九重阳,重阳好酒菊花台。阿妈娘房里七斗头彭里八斗头缸里有吃呒米加点神仙酒,妻夫勿吃郎先尝。

第十杯酒十大完,鸡鹅鸟鸭吃塌共来(多少)盘。纯三白烧酒越陈越好吃,私情越搭越恩情。

(2008年采录于丁栅村。20世纪50年代传唱。演唱者:张安初。搜集者:徐顺甫)

十熬郎

正月熬郎是新年,通红帖子挂胸前。绫罗搭白绢,绢搭掼背心,通红花撬袖,袖牢也撬金,金撬雪裤,雪裤撬金,想得奴奴一寸三分格只真小脚,下身头细花百间格条藕丝裙。

二月熬郎是春分,百花回芽蛇动身,黄蟆(青蛙)咯咯叫,杨柳已放青,姑娘十八岁,说话也聪明,针线件件来,百样勿饶人,人口异加好,嘴口也甜尽,怪只怪只怪爹爹姆妈人道少,十八岁姑娘为何勿攀亲。

三月熬郎是清明,青铜镜子照奴身,照得奴奴头颈好像铜丝桥,身体好像杨柳条,照得奴奴头发像乌云,照得眉毛绿沉沉,照得奴奴格只眼睛,好像是山格勒里格路回汪水,搭蛛放丝搭蜻蜓,照得奴奴格只耳朵好像是金漆盘里格只肉馄饨,下身头照得一寸三分格只真小脚。

四月熬郎夏至来,阿妈娘房里讨只梳妆台,阿妈娘海伊柏树象牙装。我勿伊柏树象牙装，我只要五梅花格子搽红粉，青铜镜子照我身。

五月熬郎无秧船，划起只秧船姐心酸，上勿怪采桑下勿怪养蚕，上头有郎姐，那晓得呒郎阿姐实可怜。

六月熬郎是热天，熬郎姐窗盎里厢是有蜜蜂飞，一对一对飞出去，一对一对飞进来，虫豸百鸟成双对，熬郎阿姐勿成双。

七月熬郎是节秋，秋风猛雨急稠稠，早稠稠，热喝喝，夜稠稠，冷飕飕，东隔壁三伯婆婆拉小夫妻两介头捆一头，同床格枕头，四眼骨油油，花嘴舔舌头，好比细木作师傅相伸头，熬郎姐一想呒弄头，翻身转去抱牢格只花枕头。

八月花开是木犀，熬郎姐早早开出一棚鸡，雌鸡咯咯叫，雄鸡喔喔啼，雌鸡踏拉地，雄鸡踏拉毛，雌鸡尾巴翘三翘，雄鸡尾巴底三底，熬郎姐一看真稀奇，两只中生好像一对真夫妻。

九月熬郎是节寒，熬郎姐端准轧棉被，要轧九斤六两格条被，盖盖上身下身冷，盖盖下身上身冷，盖盖当中两头冷，嫂嫂说道姑娘呀，我格条三斤六两被，盖盖上身下身暖，盖盖下身上身暖，盖盖当中两头暖，姑娘说道呀嫂嫂，你昨夜头，克吾伢大哥哥两介头，抱牢之瞌，抱牢之眠，胸部头奶汗没成干，我若东有东横头，南有南横头，南北两横头，三十岁里厢廿岁外头，赤刮拉后生二十岁郎君，克我熬郎阿姐眠一夜，我那怕伊雪当被头，冰当席，雪团挨肩不叫寒。

十月熬郎雾露重露霜，熬郎阿姐手捏纯钢快刀要与娘淘气，为何哥哥有嫂妹无郎，姆妈说道姑娘待到爹爹回转给你出八字，大哥哥回转捡门房，我勿依爹爹回转出八字，大哥哥回转捡门房，只要爹爹回转勿瞌娘房里，大哥哥回转勿同床，三人轴勿打干搁起，回头田勿种大家荒，嫂嫂一听火一身，埋怨你姑娘勿是人，你拉娘道里有气，关得我拉哥哥嫂嫂啥格事，要我啊多年夫妻勿同床。

十一月熬郎外头云，熬郎姐有病在房中，要叫三伯婆婆拉第一第二三小兄弟脚踏黄杨板平奇，手捏九节头橹鼓，到杭州城里请郎中，苏州城里请郎中，到松江石板桥头请着个好郎中，三眼须翘松松，好酒喝三盅，端末端只凳，坐未坐拉房中，千百声先生，万百句郎中，相思病勿对不吾伢阿妈娘话，要话有拉后花园，放带脱衣伤风。

十二月熬郎冷飕飕，熬郎姐眼白吭阳死下来，姆妈娘说道姑娘你今朝死了给（克）你买个金棺材，明朝死了买个银棺材，后日死了给你买个沙风棺材楠木盖，廿四个脚搬三十六个抬材，姑娘说道姆妈我勿要啥金棺材，勿要啥银棺材，勿要啥沙风棺材楠木盖，廿四个脚搬三十六个抬材，我只要东有东横头，西有西横头，南北两横头，三十岁里头，廿岁外头，赤刮拉后生，二十岁郎君蹲拉西湖带牢游一趟，人人个个晓得我熬郎阿姐今朝出棺材。

（2008年采录于丁栅村。20世纪50年代传唱。演唱者：张安初。搜集者：徐顺甫）

山歌开唱停唱词选

山歌勿唱忘记多，官塘路勿走草盘窠，纯钢快刃勿试生铁锈，小姑娘勿打懒梳头。

山歌勿唱停一停，田当中造只歇凉亭，凉亭里是有三匹画，匹匹画里有古人。

再唱山歌停一停，田当中造只歇凉亭，歇凉亭里琵琶胡琴三弹于，郎弹琵琶姐操琴。

再唱山歌停一停，喉筋绷力勿好听，唱山歌哥哥勿是生铁口，买山歌小弟勿是响铜铃。

（2008年采录于俞北村。20世纪50年代传唱。演唱者：黄善庭。搜集者：徐顺甫）

张安村村史

乌云翻天遮星星，穷人头上三只铁把钉，嘉善有个张安村，解放以前苦万分，满村人骨肉分离东逃西散能介苦，好比千里长江水浮萍。

四九年春雷一声响，张安村农民翻身得解放，燕子衔泥千口血，骨肉团聚欢天喜地谢亲人。

五三年毛主席发号召，组织农业合作社，张安村农民扭起秧歌来响应，组织起县里第一个农业合作社，穷人出头觉悟高，臂膊弯里千斤力道用不尽。

张安村面貌日日新，粮食产量好像上山毛竹节节高，日脚过得好像口含蜜糖甜津津，三顿要吃白米饭，四季衣衫绰最新，草棚不住住瓦屋，半夜梦里笑出声。

张安村啊张安村，解放前的长工村，如今成了幸福庄，家家户户，户户家家，安居乐业，乐业安居能介好，全靠毛主席和共产党好领导。

（2008年采录于北港村。20世纪50年代在张安村传唱。演唱者：朱玉英。搜集者：徐顺甫）

参考文献

1.《嘉善田歌》，金梅编著，浙江摄影出版社，2014年1月。

2.《中国·嘉善田歌》，金天麟编著，黑龙江人民出版社，2009年5月。

3.《中国民间歌曲集成·浙江卷》，人民音乐出版社，1993年10月。

4.《民俗学概论》，王娟著，北京大学出版社，2011年8月。

5.《音乐人类学的理论与方法导论》，洛秦著，上海音乐学院出版社，2011年3月。

后　记

　　编辑整理这一书稿期间，一个问题始终在我脑海中盘旋：经由我们这一代人的手交托给后人的嘉善田歌，会是什么样子的？

　　在顾友珍对往事的描述里，我们可以知道她小时候田歌的样子：不需要识字，口口相传就能唱；不需要专业创作，刮什么风唱什么歌，见到什么唱什么；不需要舞台，田间地头就是舞台，弯腰种秧照样唱；不需要乐器伴奏，不需要固定人员组合，不同音色、音高自然搭配；不需要组织听众，家家户户既是演唱者又是听众还是传播者……那时候的嘉善田歌，就如同天地间自由生发的花草一样，晒点阳光、饮点雨露就能簇簇成长。

　　那时候的田歌，对于顾友珍个人而言，毫无疑问意义也是无比巨大：她从中得以学习到先祖的生产、生活智慧，从中得以舒缓高强度劳动带来的疲乏，得以参与村落社群活动并获得展现自己天分的机会，得以将自己的故事和情感传给他人及后辈……她像呼吸空气一样，自然地享用着田歌，从不担心哪天它会从自己身边消逝。

　　田歌是照进顾友珍生活的一束光，是点亮嘉善这片土地上，数百年岁月里，无数像顾友珍那样平凡活着的人们生活的一束光。先祖的智慧凝聚成这回荡在原野天际的歌谣，温柔地护佑着后辈孩子们艰难前行。它教会孩子们该以什么样的姿态走，该怎样和族群骨血相融，又该怎样才能平静地迈入时光深处。

　　这是一种汇集了巨大智慧体量的乡土文化形态，诞生于生养我们的大地，升腾于祖辈心间，流淌于时间长河，赋予平凡生活以不老意义的同时，滋润着人们胸中的情感之田。

　　近一个世纪以来，我们中华大地发生了翻天覆地的变化，巨大的实现感、获得感、自豪感充实了我们族群的心怀。但是，当我们大阔步前行在这个伟大征程中时，也会忽略了一些、遗漏了一些珍贵的东西，直到一朝猛然醒悟到它们在我们的文化传承体系的某些领域中具有不可替代的作用，意识到我们有可能永远忘记它们。

　　"生活不是我们活过的日子，而是我们记住的日子。"《百年孤独》的作者加西亚·马尔克斯曾留下这样的表达。随着年龄的老去，为田歌传播奔走一生的顾友珍慢慢也发现，挡在田歌传承之路前方的不仅有外在的各种竞争和障碍，那个最顽强的敌人竟然隐藏在她的身体里，那就是遗忘。她曾视作珍宝，取舍由心的许多田歌旋律，竟然在脑海里慢慢模糊……

值得庆幸的是，今天的顾友珍不是一个人在战斗，随着国家对"非遗"保护传承工作的高度重视，诸多抢救性保护措施急速启动，大量的专业人员与顾友珍站到一起，共同守卫这份祖先的优美传承。

我们平时翻阅的绝大多数历史资料，风格大都冷静客观，时光会沉淀掉一时的情绪，但在我们当前非物质文化遗产保护的系统工程中，口述史的记录、编撰工作是能直接地碰撞、感受、传达一线"非遗"传承人的情绪。当访谈中顾友珍老师一而再、再而三地使用"我不记得了"这句话时，那种被时光抛却的惶恐，不仅是她的，也是属于我们所有人的。

三百年红颜，一朝老去？是被人遗忘的"老"，还是被时代抛却的"老"？

就这么平静地看着田歌老去？

要改变的难道只是田歌？

…………

这些感慨当然无需回应，迈入新时代，在中华文化伟大复兴的号角声中，无数同伴奋战在"非遗"保护工程一线，与时光争，与忘却争，在记录、在存档、在完善传承体系，在实践中发展创新。我想，我们所有奋战中的同伴的心愿与顾友珍老师是一致的：

> 我们不愿见到一首首再也不会在田原上升起的"田歌"。
> 我们不愿见田歌仅仅作为封存在档案资料馆中的音频、视频及文献资料而被蒙上灰尘。
> 我们不愿见田歌改变成为与其数百年乡土自然生发进程完全割裂的音乐形态。
> 我们不愿自己族群、自身乡土的记忆里，没有祖先的歌声。

这也是我们这些沐浴在先祖荣光下的后辈，对于歌声穿透时光传达过来的温暖，做的一些敬意的回应。

最后，再次感谢嘉善县文化馆非遗中心戴旭锋、王宇曦、何潇、盘兰靖等诸位老师在此书编纂过程中的支持与指正。

编者

责任编辑：潘洁清
责任校对：高余朵
责任印制：陈震宇

图书在版编目（CIP）数据

浙江省国家级非物质文化遗产代表性传承人口述史丛书. 顾友珍卷 / 郭艺主编；张芳芳编著. -- 杭州：浙江摄影出版社, 2025. 4. -- ISBN 978-7-5514-5057-7
Ⅰ. K825.7
中国国家版本馆CIP数据核字第2025CN3536号

ZHEJIANGSHENG GUOJIAJI FEIWUZHI WENHUA YICHAN DAIBIAOXING
CHUANCHENGREN KOUSHUSHI CONGSHU

浙江省国家级非物质文化遗产代表性传承人口述史丛书
GU YOUZHEN JUAN

顾友珍卷

郭　艺　主编　张芳芳　编著

浙江摄影出版社出版发行
　　地址：杭州市环城北路177号
　　邮编：310005
　　网址：www.photo.zjcb.com
制版：浙江新华图文制作有限公司
印刷：浙江兴发印务有限公司
开本：787mm×1092mm　1/16
印张：8.5
字数：134千
2025年4月第1版　2025年4月第1次印刷
ISBN 978-7-5514-5057-7
定价：98.00元